suncolor

suncolor

Starry Messenger

宇宙教我們的人生課

從無垠到剎那，萬物蘊含的真理

Cosmic Perspectives
on Civilisation

尼爾·德葛拉司·泰森 Neil deGrasse Tyson ——著

邱佳皇 ——譯　國立清華大學物理系特聘教授 林秀豪 ——審定

suncolor
三采文化

獻給我的父親克里爾・德葛拉司・泰森[1]（Cyril DeGrasse Tyson）和所有想看見世界可能的樣子，而不只是現狀的人們。

引言

你會瞬間發展出一種全球意識，一種以人為本的態度，對世界的現狀感到極度不滿，並有一種強烈的衝動要做些什麼。從月球上看，國際政治顯得那麼微不足道。你會想抓住一個政治家的衣領，把他拖出二十五萬英里遠，然後說：「好好睜開你的眼睛看看，你這個傢伙！」

——阿波羅十四號太空人，艾德加．米切爾（Edgar Mitchell）

目次

前言

宇宙的啟示

本書是對文明的一記警鐘。人們已經不再知道該信任何人或何事。我們播下了仇恨之種，因為我們認為它是真實的，抑或是我們希望它是真實的，而不關心真相。文化和政治派系間為爭奪團體和國家而戰。比起友善的行為，我們更輕易地選擇侵略性的行動。當伽利略（Galileo Galilei）於一六一〇年出版《星際信使》（Sidereus Nuncius）時，他將自古以來一直等待降臨於人類思想的宇宙真理帶到了地球。伽利略透過甫完善的望遠鏡，揭露了一個不同於人們過去所認為的宇宙。這不同於人們希望的真相，也不同於人們敢於說出的真相。《星際信使》包含了他對太陽、月亮和恆星以及行星與銀河系的觀察。

他的書中提供了兩個重要的觀點：一、光靠肉眼不足以揭露關於自然運行的基本真理。二、地球不是所有天體運動的中心，它就像其他已知的行星一樣，一起圍繞著太陽運轉。《星際信使》一書的拉丁文原文是 Sidereus Nuncius，翻成英文便是本書的英文書名 Starry Messenger。

這些世界上首次出現的宇宙視角讓我們開始檢視自我的重要性，來自星星的訊息也迫使我們重新思考人與人之間、人與地球、人與宇宙之間的關係。如果我們不這樣做，就可能會錯誤地相信世界圍繞著我們和自己的觀點轉。本書旨在導正視聽，提供一種能夠讓我們的情感和智力能量與已知宇宙的生物學、化學和物理學相調和的方式。這本書重新詮釋了當代最倍受討論和爭論的主題，包括戰爭、政治、宗教、真相、美麗、性別、種族等，每一個議題都是生活中的人造戰場，並讓讀者們反思，培養建構起文明的責任感和智慧。我也會不時地探索外星人眼中的人類形象——假如他們來到地球時，沒有對我們的預設概念。他們作為公正的觀察者，突顯了我們生活中的不一致、虛偽和偶然的愚蠢行為。

你可以將本書視為充滿洞見與啟示的寶庫，由宇宙提供訊息，並透過科學的方法和工具讓你了解這些訊息。

序曲

科學與社會

當人們在政治、宗教和文化等複雜的領域產生分歧時，原因很簡單，卻不易解決。這是因為我們擁有不同的知識、價值觀、優先順序和對周遭事物的理解，因此，我們以不同的方式看待世界。為了建構部落，我們可能會基於外表相似、崇拜同一神祇或擁有相同道德標準的人。考慮到人類在舊石器時代的長期孤立，我們的祖先可能因為群體思維而獲得生存優勢，即使這種思維方式違反了理性分析。[1]因此，在我們的漫長演化過程中也就不足為奇了。

相反地，如果我們超越了所有隔閡和限制，就可能會發現我們對世界其實有著共同、統一的觀點。這個新的視野可能不在我們的東西南北，甚至超越了羅盤的範圍，需要我們離開地球表面，以一個不受疆界所限制的視角來觀察地球和所有人類。這種轉變被稱為「概觀效應」（overview effect），通常只有繞行地球的太空人才能體驗到。此外，現代天文物理學的發現和太空探索所帶來的數學、科學與技術的發展也是不可忽視的。沒錯，宇宙視角確實能讓我們超越一切。因此，讓我們放慢腳步，開啟心智，從宇宙的角度去看待這個世界。

我的每一個對世界事物的想法、意見和觀點，都受到我們在地球和宇宙中的位置所帶來的知識所啟發。科學的方法、工具和發現，或許是最具有人性的，因為它們塑造了現代文明，讓人類可以超越原始衝動，建立一個可以生活、工作和玩耍的天地。然而，為什麼人類會有許多集體性和持續性的分歧呢？我所能肯定的是，無論你目前持有什麼觀點，注入科學和理性思維可以讓你產生更深入、更有見識的觀點，同時也可以顯露你可能持有的任何毫無根據的觀點或不合理的情感。

人們不應該期望每個人都能像科學家一樣辯論，因為科學家不是在尋求對方的意見，而是在尋找對方的數據。即使在辯論意見時，一個理性的觀點也可能具有驚人的力量。當你受到理性觀點的啟發時，會發現地球上只有一個部落——即人類部落，許多分歧因此消失，而其他分歧則被迅速解決，使你根本沒有必要去辯論。

科學與其他領域的追求有所不同。科學有能力探索並理解自然行為，使我們能夠精確地預測自然界許多事件的結果——即使不能控制它們。科學上的發現能拓展和加深我們對所有事物的看法，尤其增強了我們的健康、財富和安全，而這些對於現今地球上更多人而言，比人類歷史任何其他時期都更為重要。

支撐這些成就的科學方法通常可以用正式的術語表達，這些術語包含歸納、演繹、假設和實驗，但也可以用一句話來概括，其重點在於客觀性：

「你要盡力不讓自己被謊言所欺瞞，也要盡力讓自己看清楚真相。」

這種認知方式源於十一世紀，正如阿拉伯學者海什木（Ibn al-Haytham，西元九六五－一〇四〇年）所表達的，他特別提醒科學家不要有偏見：「他在進行批判性檢查時也應該懷疑自己，這樣就可以避免陷入偏見或過於寬容。」[2] 幾個世紀後，在歐洲文藝復興時期，達文西（Leonardo da Vinci）完全同意這個觀點：「人們遭受最大的欺騙來自於他們自己的觀點。」[3] 到了十七世紀，在顯微鏡和望遠鏡幾乎同時發明之後不久，科學方法受到天文學家伽利略和哲學家法蘭西斯・培根爵士（Sir Francis Bacon）的推動而開始蓬勃發展。簡而言之就是進行實驗來驗證你的假設，並根據證據強度來決定你的信心強度。

從那時起，我們更深入地了解到，在大多數研究人員達成共識之前，不要宣稱有任何新發現。這個行為規範有顯著的影響。雖然沒有法律禁止發布錯誤或帶有偏見的結果，但這樣做的代價非常高。如果你的研究被同行檢查，但沒有人能夠成功地重現你的發現，你未來研究的正確性就會受到質疑。如果你刻意欺騙、故意偽造資料並被之後的研究人員發現，那麼你的職業生涯就結束了。

這種科學內部的、自我規範的系統在各個專業中可能是獨一無二的，它不需要公眾、媒體或政治家來運作。只要觀察那些刊登在同行審閱過的科學期刊上的研究論文，這機器般的運行可能仍然會讓你著迷。不過，這個孕育各種發現的園地有時也會成為科學爭議的戰場，但如果你精心挑選預先達成共識的科學研究來服務於文化、經濟、宗教或政治目的，那麼知識性民主的基礎就會被破壞。

不僅如此，在科學界若只有一個聲音將有礙進步。只有從未親臨過科學會議的人，才會一直抨擊這都是取暖大會。事實上你可以把它想像成自由開放的「打獵季節」，任何人提出的想法都可能成為箭靶，不管你有多麼德高望重。成功的想法經得起審查，不好的想法則會被過濾掉。對於試圖提升事業的科學家來說，從眾也是一件可笑的事情。提出一個與普遍研究相反的想法，並獲得觀察和實驗的一致性，是在有生之年最好的成名方法。在知識和探索的前沿，健康的分歧是一種正常的自然狀態。

——

一六六〇年，伽利略逝世後僅僅十八年，倫敦皇家學會成立了。這是世界上最古老的獨立科學研究機構之一，現在仍在積極發展中。自那時以來，許多新的先進科學思想一直競爭興起，而該學會的座右銘很明確：「不要輕易相信他人的話。」

一七四三年，班傑明．富蘭克林創立了美國哲學學會，推廣「有用的知識」，現在仍然以這種目的存在著，其成員囊括科學和人文學科的各種學術領域。一八六三年，美國第一位共和黨總統亞伯拉罕．林肯在百忙之中，仍根據國會的法案簽署同意成立了美國國家科學院（ＮＡＳ）。這個嚴肅的機構旨在為新興的國家提供獨立的科學和技術相關建議。

進入二十世紀，承擔科學任務的機構數量激增，這些機構的目的也很相似。在美國，這些機構包括國家工程院（NAE）、國家醫學院（NAM）、國家科學基金會（NSF）和國家衛生院（NIH），還包括探索太空和航空的國家航空暨太空總署（NASA）和國家標準暨技術研究院（NIST）。NIST是探索科學測量的基礎，所有其他測量都以此為基礎。還有探索所有可用和有用形式能源的能源部（DOE）以及國家海洋暨大氣總署（NOAA），這個機構負責探索地球的天氣、氣候以及它們如何影響商業市場。

在這些研究中心以及其他發表的可信科學資訊的幫助下，政治家可以得到權力，以開明和具有知識的狀態治理人民。然而，這種情況只有在投票人和政客能夠理解科學如何運作和發揮作用的前提下才會發生。國家研究機構的科學成就是該國未來的關鍵，而這些研究機構的成就，也來自於管理它們的行政機構所提供的全面支持。

當你深入思考科學家如何看待世界，從太空觀察地球的樣貌，以及了解宇宙的年齡和無限空間的大小，所有有關地球的想法都會改變。你的大腦會重新調整生活中的優先事項並重新評估可能採取的應對措施，進而影響你的文化、社會和文明觀。在這種心態下，世界看起來不同了，你也會受到這些事物的影響而改變。

你可以透過宇宙的視角，體驗生活。

01 真與美

生活和宇宙中的美學

自古以來，真與美一直是許多偉大思想家的思想核心，特別是哲學家和神學家。有時候像詩人約翰・濟慈（John Keats）也會思考這類主題，比方說他在一八一九年的詩作〈希臘古甕頌〉中寫道：[1]

「美即是真，真即是美，如此而已。」

如果有外星人來拜訪我們，對於這些主題，他們會有什麼看法呢？他們不會有我們的偏見和偏好，也沒有先入為主的觀念。他們將重新評估我們作為人類的價值，甚至可能會發現地球上的真實充滿了相互衝突的意識形態，需要科學的客觀性來解決。

透過幾個世紀以來不斷改善的探究方法和工具，只有科學家們能夠發現宇宙中客觀的真實事物。客觀真理適用於所有的人、地、物，也適用於所有的動物、植物和礦物，其中有些真理甚至橫跨了所有空間和時間。即使你不相信，它們依然是真實的。這些客觀真理不是來自任何權威機構，也不是來自任何單篇的研究論文。有些新聞媒體可能會誤導公眾對科學運作的認識，把剛剛發表的科學論文視為真理，登上版面，甚至吹捧作者的學術血統。當真理從思想的領域被抽絲剝繭而出時，它仍在成形中。研究可能漫無目的，直到實驗結果往某個方向聚攏或無法聚攏，後者等於警告你這種現象根本不存在。這些關鍵的檢驗和平衡通常需要數年的時間，根本算不上是「即時新聞」。

客觀真理是透過反覆實驗得出的一致結果，之後不可能再變成錯誤的，就像我們不需要重新討論地球是否是圓的；太陽是否炙熱；人類和黑猩猩是否共享超過九十八%的DNA或是我們呼吸的空氣是否含有七十八%的氮氣。伴隨著二十世紀初的量子革命和大約同時期的相對論革命而誕生了「現代物理學」，這個理論並沒有違反牛頓的運動定律和萬有引力定律，相反地，它描述了更深入的自然現實，透過更傑出的方法和探索工具讓我們看得更清楚。就像俄羅斯的套娃娃一樣，現代物理學將古典物理學套進更寬廣的真理中。科學無法確保客觀事實的唯一情況是還在研究初期尚未達成共識的階段。這是在十七世紀之前，當時我們只憑藉自己不足且帶有偏見的感官來了解大自然，但客觀事實是獨立於五感的存在，透過適當的工具，任何人、任何時間、任何地點都可以對其進行驗證。

科學的客觀真理並非建立在信仰體系上，它們不是依靠領導者的權威或說服力所建構的，也不是透過重複學習或從魔法思維（magical thinking）中收集到的。否認客觀真理基本上就是科學文盲，並非是意識形態上有原則的。

綜上所述，有人可能會認為真理只有一種定義，但實際上並不是這樣，至少應該存在兩種定義，因為它們可以驅動人類行為中最美好和最暴力的表達。個人真理有支配思想、身體和靈魂的力量，但沒有證據可以證明這一點。個人真理是你確信是真實的事物，即使你無法證明。有些想法是因為你希望它們是真實的，有些想法則來自古代或現代的領袖或教義。對某些人來說，尤其是在一神論傳統中，上帝和

真理是同義詞，基督教的《聖經》也這樣說：[2]

耶穌說：「我就是道路、真理、生命；若不藉著我，沒有人能到父那裡去。」

個人真理可能是你非常重視的東西，但除了透過激烈的爭論、脅迫或武力外，沒有任何方法可以說服不同意的人。這些個人真理是大多數人觀點的基礎，當你將這些想法放在內心深處或當作喝酒聊天的話題時，通常是無害的。耶穌是你的救世主嗎？穆罕默德是上帝在人間的最後一位先知嗎？政府應該幫助窮人嗎？當今的移民法是太嚴格還是太寬鬆？碧昂絲是你的女王嗎？在《星艦迷航記》（Star Trek）系列中，你認為自己是哪位艦長？是寇克艦長、畢凱艦長還是珍葳艦長呢？

在一個自由的社會中，意見分歧是很重要的。這樣能讓國家擁有多樣性，人們能夠擁有不同的看法。每個人都有權利保持自己的看法，不需要因為別人的看法而改變。同時也很重要的是，每個人都應該對可能改變自己想法的理性辯論持開放的態度。不幸的是，許多社交媒體上的人卻恰恰相反。他們經常尋找不被大多數人認同的觀點，進而釋放出各種憤怒的情緒。這種做法其實是一種獨裁，因為他們要求所有人都同意他們的看法，這是不對的。在一個真正的自由社會中，每個人都應該受到珍惜和尊重，並且得以保持自己的獨特看法。

在葡萄酒愛好者中，有一句拉丁文是這麼說的「In vino veritas」，意思是「葡萄酒中有真理」。不過，葡萄酒的酒精含量約在百分之十二到百分之十四，其實對大腦有損害。有趣的是，這種乙醇在太空也很普遍。總之，這句話代表喝酒會使人們坦率相處，或許其他酒類也有類似效果。但事實上，我們很少看到在喝葡萄酒的人打架，相較之下，喝琴酒或威士忌的人打架就比較多。想像一下這句電影台詞有多荒謬：「我要教訓你，但要等我先喝完我的梅洛紅酒！」不過這些說法可能也適用於吸大麻，因為其少有鬥毆的情況發生。儘管這些情節只出現在電影中，但這些證據可以讓我們歸納出一些結論，那就是坦承和誠實是能夠產生理解及和諧的，也許這是因為誠實比不誠實更好，真理比謊言更美好。

與酒後吐真言不同，政治上的真理更像是個人的信仰。這些觀點和思想與你的感覺相符，再加上媒體不斷強調宣傳，就成為了無法撼動的真理，讓你完全相信。

但實際上，這是一種政治手段。這種信仰體系通常會展現出你是怎樣的人，會做什麼事情，甚至成為你的核心思想。人們會為支持自己的信仰而犧牲生命，或奪取他人的性命，這已經不是什麼祕密。通常，支持某種意識形態的實際證據愈少，一個人就愈有可能願意為其而死。例如在一九三〇年代的納粹德國，他們並不是天生認為自己是最優秀的種族，而是透過高效和流暢的政治宣傳被灌輸這樣的觀念。到一九三九年和第二次世界大戰爆發時，數百萬人已經準備好為這個信仰而死，而且確實也發生了這樣的事情。

——

不同季節和世代，文化中對於美麗和人們所追求的美學理念也會不斷改變，尤其在時尚、藝術、建築和人體美學方面。然而，如果未來有外星人造訪地球並看到我們繁盛的美容產業體系，肯定會認為地球人是不是覺得自己醜到無以復加，所以才需要如此大幅「改善」。我們開發出各式各樣的產品，如拉直捲髮、捲曲直髮的用品，並發明了換髮和去除多餘頭髮的技術。此外，我們也使用化學染劑來改變頭髮的顏色，並遮掩各種瑕疵和痘痘等問題。我們穿著增高鞋，並使用香水來讓自己聞起來更香，我們使用化妝品來彰顯自己的外在美並遮掩缺陷。最後，我們的外表可能變得不太真實，因為我們追求的美甚至無法長久維持，只要在淋浴時就會被洗掉。

客觀真實或誠實真切的事物——尤其是在地球或天堂的事物——自身往往擁有超越時間、空間和文化的美。雖然每天都有日落，但它依舊令人著迷。儘管我們對太陽核心的熱核能源瞭若指掌，知道太陽光子離開太陽時的旅程有多曲折，知道光子在太空中會快速移動，最後折射穿過地球的大氣層，到達我們的視網膜，於是大腦開始處理並「看到」日落影像。儘管我們知道這些事情，但夕陽依舊美麗。這些附加的事實、科學真理，能讓自然之美具有更深層的意義。

幾乎沒有人會厭倦瀑布或滿月自山區、從城市地平線出現的景象。我們總是對日全食這奇異的景象驚嘆不已。誰能在新月和金星一起懸浮於黃昏的天空時轉身離去？伊斯蘭教徒就無法，因為星星與新月的並列是信仰中神聖的象徵。梵谷也無法轉身離去。一八八九年六月二十一日的法國聖雷米鎮，[3] 梵谷在黎明前的天空中捕捉到這個景象，創作了可能是他最著名的畫作《星夜》。而且，我們似乎對於透過行星探測器、哈伯太空望遠鏡和其他管道所捕捉到宇宙風貌的圖像，永遠都百看不厭。大自然的真理充滿了美和奇蹟，超越了時空的一切限制。

因此，人類所崇拜的上帝或其他神祇往往身在高處也就不足為奇了。或者我們認為高處是離上帝比較近的地方，這些地方可能是山頂、雲端，也可能是天空。諾亞方舟可是停在亞拉拉特山上，而不是在湖邊或河邊。摩西不是在山谷或平原領受十誡，而是在西奈山頂上。錫安山和橄欖山是中東的聖地，八福山也可能是耶穌交付著名的《登山寶訓》的所在地。[4] 奧林帕斯山是雲層之上的高處，希臘眾神聚集於此。不僅如此，祭壇也往往建在高處，例如阿茲特克人的祭祀通常都會在中美洲金字塔的塔頂舉行。[5]

我們曾經在海報甚至是精美的藝術作品上，看過無數描繪天使、聖徒或上帝飄浮在積雨雲這種最龐大的雲層上的景象。蘇格蘭氣象學家拉爾夫．阿貝克隆比（Ralph Abercromby）就很著迷於雲的分類學，他在一八九六年大量記錄了世界各地的雲，並為它們編號。你猜對了，積雨雲被編為第九號，所以之後英文才會用

「on cloud nine」（在第九號雲上）來形容「處於非常愉悅的狀態」。[6] 豐沛的雲層加上照射到每個角落的陽光所構成的景象很容易讓人聯想到神聖之美。

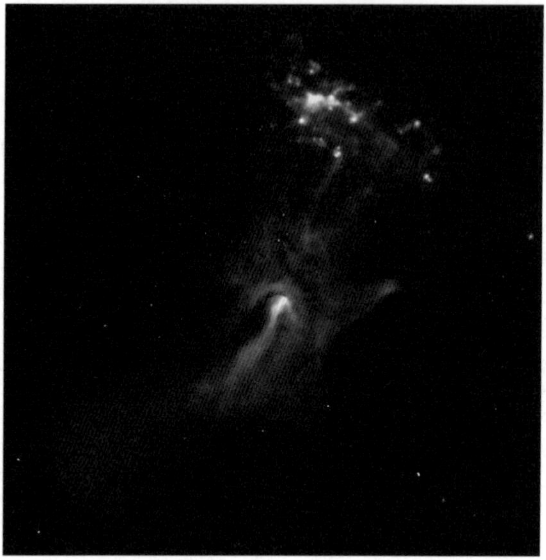

泛靈論盛行於阿拉斯加到澳洲等世界各地的原住民傳統中，他們認為大自然裡的小溪、樹木、風、雨和山脈都充滿了一種精神力量。如果古人像現代人一樣了解宇宙的廣闊，他們俯瞰地球的神祇也能在更多美麗的地方遨遊。脈衝星 PSR B1509-58 是由美國太空總署的核光譜望遠鏡陣列（NuSTAR）在 X 射線下成像而得名。它的外觀就像是在太空中一隻發光的巨手，可以清楚看到手腕、手掌、伸出的拇指和其他手指。儘管星雲只是一顆爆炸後死去的恆星的發光殘骸，但人們還是將其稱為「上帝之手」。

除了它們的編號，[7] 我們通常也會使用各種有趣的名字來為這些星雲命名，像是貓眼星雲（NGC 6543）、蟹狀星雲（NGC 1952）、啞鈴星雲（NGC 6853）、鷹星雲（NGC 6611）、螺旋星雲（NGC 7293）、馬頭星雲（IC 434）、潟湖星雲（NGC 6523）、檸檬片星雲（IC 3568）、北美星雲（NGC 7000）、貓頭鷹星雲（NGC 3587）、環狀星雲（NGC 6720）和狼蛛星雲（NGC 2070）等。是的，它們的外觀看起來都很像或是會讓我們聯想到那些東西，所以才被這麼命名。對了，還有一個星雲：小精靈星雲（NGC 281），它是以一九八〇年代的某個飢腸轆轆的電玩角色命名的。

不僅如此，在我們自己的太陽系中還有彗星、行星、小行星和衛星，每顆星體的外型都很獨特，我們也已經具備客觀真實的知識，知道這些物體是由什麼製成、來自哪裡以及要往哪裡去。它們就一直在旋轉並按照指定的路徑穿過太空中的真空，就像在宇宙中不斷旋轉著的芭蕾舞者，跳著一曲由重力所編排的舞蹈。

一九九〇年代的白宮，比爾．柯林頓（Bill Clinton）在他辦公室咖啡桌上放了一塊由阿波羅號太空人從二十五萬英里外帶回的月球岩石樣本。他曾經跟我說，每當地緣政治對手或頑固的國會議員之間即將爆發爭執時，他都會指著這塊岩石，提醒大家：它來自月球。[8] 這個動作經常能夠重新調整對話方向，讓宇宙觀帶領我們停下來思考生命的意義以及維持和平的價值。

自帶美感。

大自然並不局限於事物的美，客觀真實的想法也可以自帶美感，請容我列舉一些我最喜歡的例子：

所有科學中最簡單的方程式之一，也是最深奧的，就是愛因斯坦的能量（E）和質量（m）守恆方程式：$E = mc^2$。小 c 代表光速，當我們解開運行宇宙的宇宙密碼時，這個常數出現在無數地方。而在它出現的無數地方中，這個小方程式是宇宙中所有恆星從最初以來就一直產生能量的理論基礎。

牛頓的第二運動定律同樣簡單且深奧，它精確地說明了當你對物體施加力（F）時物體的加速度（a）：F＝ma。m代表被推動的物體質量。這個小方程式以及愛因斯坦後來從他的相對論中對其進行的衍伸解釋，是宇宙中所有物體曾經或將要發生的所有運動的理論基礎。

物理學可以很美。

你可能聽說過π，這是一個介於三和四之間的數字，它有無限多的小數，但通常被縮短為三．一四，以下是π比較長的數字，可以看到〇到九的所有十個數字：

3.14159265358979323846264338327950...

只需將圓周長除以直徑即可得到π，無論圓圈大小，都會得出同樣的比率。π的存在本身就是歐幾里得幾何的一個深奧真理，狂熱的數學迷們會在每年三月十四日舉行慶祝，因為這個日期可以寫成三．一四。

數學可以很美。

氧氣促進燃燒，氫氣是爆炸性氣體，將兩者結合可以得到水（H_2O），一種可以滅火的液體。氯是一種有毒的腐蝕性氣體，鈉是一種金屬，軟到可以用奶油刀切割，輕到可以漂浮在水上，但千萬不要在家裡嘗試，因為鈉加上水會產生爆炸。而將氯與鈉結合會得到氯化鈉（NaCl），也就是我們熟知的食鹽。

化學可以很美。

地球上至少有八百七十萬種生物，[9] 其中大部分是昆蟲。這種驚人的生命多樣性起源於四十億年前的單細胞生物。地球上的陸地、海洋和空氣和諧地交匯，讓各種生物得以生存，我們是命運的共同體，是在地球這艘宇宙飛船上的基因家族。

生物學可以很美。

那麼，世界上什麼是真實但醜陋的呢？地球通常被認為是生命的天堂，由大自然這個母親培育而成，這在某種程度上是正確的。自從地球可以供養生命以來，地球上就充滿了生命。然而地球也是一個巨大的殺戮機器，由於區域性和全球性氣候的變化以及火山、颶風、龍捲風、地震、海嘯、疾病和蟲害等環境災害，超過百分之九十九的物種現在都已經滅絕了。[10] 宇宙也是一具殺戮機器，經常發生小行星和彗星的撞擊，其中最著名的撞擊是發生在六千六百萬年前的地球撞擊，當時造成所有超大型的恐龍滅絕，其他陸地和海洋物種也有百分之七十遭殃，任何大於一個中型包包尺寸的陸地動物都無一倖免。

雖然難以承認，但事實上，我們對大規模的地質災難和破壞性天氣系統有著病態的迷戀。它們都是美麗的事物，甚至可能可以成為一個獨立的類別，值得欣賞，但只能在安全距離下。不過仍然有許多人選擇忽略安全距離，不然怎麼會有那些追逐暴風雨的人和不怕死的氣象學家，在狂風暴雨襲擊海岸時，站在碼頭現場進行報導，讓自己和當天自願拿著攝影機的人浸濕全身呢？

火山無論從哪個角度看都令人驚嘆，從火山口噴出的炙熱液體，沿著山坡流向支流和河流。這些液體都是熔岩，在室溫下，熔岩是建造房屋和道路的基礎，也是比喻穩定事物的象徵。火山按照自己的時間表進行自我塑造，成為通往地球地底真實世界的入口。

有什麼比從高空或太空觀看的三百英里寬龍捲風更壯觀的呢？它就像是由暴風雲組成的氣體風車一樣緩慢地旋轉。如果再加上猛烈的雷暴雨，帶來頻繁、響亮和可怕的雲閃雷響和地面閃電，[11] 那將更加驚心動魄。

雖然小行星帶走了地球上最凶猛的恐龍，但恐龍的消失也為我們的小型哺乳動物祖先空出了生態棲位（ecological niche），使我們的小型哺乳動物祖先能夠演化成比暴龍的開胃小菜更具野心的生物。這對於我們這個生命之樹上的靈長類分支來說，無疑也是一件美好的事情。

——

無論宇宙撞擊發生在何處，都可能帶來很大的破壞和傷亡。當天文學家卡羅琳·舒梅克（Caroline Shoemaker）、尤金·舒梅克（Eugene Shoemaker）和大衛·李維（David Levy）發現舒梅克－李維九號彗星（以他們名字命名的眾多彗星之一）時，全世界的天文愛好者都爭先恐後地想透過他們的望遠鏡觀測。為什麼呢？因為他們確認了這顆彗星的軌道即將與木星的軌道相交。世界上的天文學家緊急啟動了最大和最先進的望遠鏡，包括哈伯望遠鏡，取消了之前安排好的觀測計畫，甚至讓尚未到達木星的太空探測器伽利略號也參與觀測。先前，彗星在上一次接近木星時因受到木星強大的潮汐力撕裂，形成了環繞木星運行的小碎片。一九九四年七月十六日，我們目睹了彗星第一次撞擊木星，之後還有近二十四次碎片撞擊事件。

其中最大的碎片撞擊產生了六兆噸黃色炸藥的能量，相當於世界核武庫六百倍的威力。這些撞擊在木星大氣層中留下比地球本身更大的痕跡。

但那也很美。

從宇宙的視角來看，我們無法感受到這些災難對近距離造成的破壞和混亂，反而會因其中所包含的破壞性和致命因素而感到美麗。在木星上，雖然這些彗星碎塊沒有造成生命的死亡，但如果它們撞擊地球，則會引發物種滅絕等級的大災難。

對於美與醜的評判，或許取決於它是否對我們造成傷害。例如，狼蛛腹部的特寫鏡頭在客觀上可能被視為醜陋，但對於蜘蛛學家而言，卻可能被視為可愛。當我們被狼蛛咬傷時，直覺上就會感到疼痛。同樣地，科摩多巨蜥悄悄跟隨在身後，或是被吸血的蜱蟲和水蛭叮咬，甚至是感染瘧疾、腺鼠疫、天花、愛滋病等病毒，以及自發性細胞突變引發的出生缺陷、癌症和其他疾病，都來自同一個自然界。這些令人毛骨悚然的生物和病毒都不會出現在印有《聖經》經文的海報上。這些疾病在全球總共造成超過十五億人死亡，這個數字遠遠超過了人類歷史上所有武裝衝突造成的死亡人數。大自然造成的死亡人數比人為造成的還多。當我們強調大自然的美時，往往忽略了這些事實，也可能永遠不會提及。

或許這些想法應該被提出，這樣我們才能更加清楚自己在宇宙中的位置。現有的證據顯示，大自然基本上並不在意人類的生存和繁衍。雖然我們本能地可以選擇在一些可能傷害或帶來舒適的事物之間進行取捨，但在太空中並沒有任何跡象顯示宇宙中有任何人或任何事物會來拯救地球或人類。

關心人類的只有我們自己。

醫學研究人員開發疫苗，可以保護我們免受致命病毒的威脅；他們也研發了藥物，可以幫助我們對抗細菌和寄生蟲。而建築師和建築工人則建造房屋和避難所，來保護我們免受氣候災難的影響。未來，天體動力學家將開發太空系統，改變那些威脅人類的小行星的軌跡。與綠色運動所傳達的理念不同，並非所有自然景觀都是美麗的，而且也不是所有美麗的景觀都是大自然所建造的。

或許這就是為什麼世界需要詩人。他們不是為了解釋那些顯而易見的道理，而是幫助我們停下來，反思人事物和思想的美麗，那些我們經常認為理所當然的東西。有些簡單的真理，也可以有著簡單而美好的表現方式。當你讀完喬伊斯・基爾默（Joyce Kilmer）最著名的詩作，[12] 再次經過一棵樹時，你是否會深思它沉靜、莊嚴的美呢？

我想我永遠不會看到
一首像樹一樣可愛的詩
一棵樹飢餓的嘴巴倚靠在
大地甜美流動的胸膛上

一棵樹終日仰望上帝
舉起繁茂的枝葉祈禱
一棵樹可能會在夏日
讓知更鳥在它的髮梢築巢

雪會飄落在它的胸口

它會和雨緊密生活
詩是像我這樣的傻瓜寫出來的
但只有上帝才能造出一棵樹

基爾默是來自紐澤西的詩人，他於一九一八年在第一次世界大戰期間的西方戰線上被狙擊手射殺身亡，這表明他的生命不是被大自然的力量所終結，而是結束於同為人類的另一個人。

這讓我們有什麼感受呢？或許沒有什麼感受，或許會有許多不同的感受。對我而言，作為人類、科學家和地球的居民，宇宙最美麗的地方或許就在於我們可以去了解它，而天空中的任何訊息就像是預言一樣。對我來說，這是客觀真理的最高境界，也正因如此，宇宙才能成為最美麗的事物。

02 探索與發現

兩者在文明塑造之時的價值

有些人對太空探索抱持懷疑態度，認為它昂貴奢侈，解決地球上的問題更為重要。這些問題包括解決飢餓、貧困、改善教育、減少社會和政治動盪以及結束戰爭等。這些問題幾十年來一直存在，而且在任何新聞圈都能成為重大的頭條。尤其是在美國政府每年在太空領域花費數百億美元的情況下，更引發了人們對這個問題的關注。在印度，這個問題也引發了激烈的爭論，[1] 因為該國正在加倍努力地探索太空，但其八億人民卻生活在貧困之中。這些貧窮的人口中有一半生活在髒亂的環境中，[2] 人數超越美國的總人口。然而，這些持懷疑態度的人似乎沒有考慮同時解決這兩個問題，即探索太空和解決社會問題。在我們花費預算探索太空之前，這些需要解決的問題已經存在多年了。

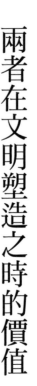

為了洞悉這一切，讓我們退回三萬年前去聽聽居住在洞穴裡的老祖先的想法。有些人想去看看洞穴外的世界，於是他們請教了長者。他們跟長者說：「我們想看看洞穴外面的世界。」長者們很有智慧，召開了內部會議，衡量了他們認為的風險和報酬之後回答：「不行，我們必須先解決洞穴內的問題，才能去外面冒險。」

儘管這樣的設計對白聽起來有點荒謬，但對於現代的太空探索者來說，當有人要求先解決地球上的問題之後再去探索宇宙時，也許聽起來像是一樣的。當時的洞穴居民雖然呼吸新鮮的空氣、喝乾淨的水、吃有機植物和放養的動物，但是嬰兒死亡率非常高，平均壽命只有三十歲。因此，科學的進步和發展至關重要。

當從宇宙的角度看地球時，它只是一粒微不足道的塵埃，獨自存在於廣闊而豐富的宇宙中。這時，我們不禁想問，古老的洞穴與地球有何不同呢？然而，在我們第一次登上月球之前，我們對月球的了解已遠超過十五或十六世紀的探險家對其目的地的認知。同樣地，我們對火星表面以及火星探測器應該在哪裡降落的了解，也多於十二、十三世紀的玻里尼西亞尋路者對於在海平線另一端的太平洋島嶼的了解。雖然我們花了數世紀的時間探索和繪製地球表面的地圖，但直到一八二〇年才發現南極洲。而我們探索太空的時間只有寶貴的幾十年。

如果你願意離開洞穴去探索，或許就會發現有助於解決洞穴內問題的知識。我們必須具有遠見才能明辨是非。你可能會找到多種可用作藥物的植物，發現各式各樣的材料，像是木頭、石頭、骨頭等，都可以改造成工具。你可能會發現額外的水源、食物和住所。更重要的是，發現洞穴之外的觀點。這些地方不僅是目的地，也是看待事物的新方法。不需要科學家來告訴你這件事，知名作家T．S．艾略特（T. S. Eliot）也曾經深思過這個問題。[3]

我們不會停止探索
我們所有探索的終點
將會抵達我們的起點
並且初次認識這個地方

沒有任何一位詩人比他更接近宇宙視角了。

我們面臨的問題之一是受到線性思維的限制，這使我們的思考模式變得狹窄。然而，這不是我們的錯，因為我們習慣用加法和乘法，而不是指數的方式來思考。指數是指一個數字的底數被乘方的情況，當使用指數時，所描述的數量和比例會以比我們正常理解的速度上升或下降得更快。舉個例子，你可以選擇現在拿到五百萬美元，或是在一個月內每天收到一分錢的倍數。大多數人會選擇立即獲得五百萬美元，對一分錢的翻倍毫不感興趣。但是，讓我們想一想，今天是一分錢，明天是兩分錢，後天是四分錢，大後天是八分錢，以此類推，你最終可以獲得多少錢呢？答案是在第三十一天，你將獲得一千〇七十三萬七千四百一十八・二四美元。而前三十天每天所獲得的錢，總和為兩千一百四十七萬四千八百三十六・四七美元。這就是指數的力量。

再舉一個例子，你發現一種不受歡迎的藻類正在你最喜歡的池塘表面蔓延，這個藻類不斷生長，而且每天的面積以倍數成長。一個月後，湖水被藻類覆蓋了一半，按照這個速度，藻類覆蓋整個湖還要多長時間？我們原始的線性思考答案算出來會是一個月，但真正的答案是一天。池塘被覆蓋一半需要多久時間，甚至根本不重要，如果覆蓋率是每天加倍成長，那當池塘被覆蓋一半時，就只要一天的時間整個池塘就會被蓋滿。

在二〇〇八年，我們的經濟體系因為極不合理的低利率和浮動利率貸款而面臨崩潰。這種貸款方式提供沒有償還能力的人抵押貸款。如果當時獲得貸款的人能夠懂得指數計算，或許這個經濟事件會趨緩甚至完全避免。當時的人們會瞬間意識到，任何複利的上升都會讓他們破產，讓他們不會去申請貸款。我們經常在腦海中進行簡單的線性計算，比如說已經開了一小時的車，開了一半的路，那麼就認為離家還有一個小時的路程。這種線性思維很直觀，但如果我們想要更精確地知道到家還需要多長時間，就需要更複雜的計算。比如說，這是交通史上從未被提起的一句話：

「我們已經開車開了千分之一秒，離家只剩三百萬分之一的路程，這時我們只需要再等待兩千九百九十九．九九九秒就能到家了。」

然而，宇宙中出現數百萬、數十億和數兆的數學因子是很普遍的。地球的大小已經如此巨大，以至於一些人仍然認為地球是平的。但與太陽相比，地球微不足道。如果太陽是空心的，你可以把一百萬個地球倒進太陽中，仍有剩餘的空間。進一步探索，五十億年後，當太陽死亡時，將進入紅巨星階段，太陽會急劇膨脹，吞噬水星、金星和地球的軌道。在那個時候，太陽已經膨脹到現在的一千萬倍大小。而太陽系延伸至柯伊伯帶再到海王星之外，還是大了一百萬倍。了解這些天文尺度是宇宙視角的核心，它是試圖了解時間深度和空間深度的關鍵。如果無法理解這些尺度，可能會阻礙我們的探索。

——

此外，你還需要測量的勇氣來擁抱現代生物學和地質學。我們認為達爾文提出的演化過程極為緩慢，甚至很難在短時間察覺到其變化，因為我們只能活一百年。但事實上物種形成可能需要比我們的一生長數千甚至數百萬倍的時間，而我們的大腦線路拒絕接受此觀點。這就是為什麼在六千六百萬年內，我們從在暴龍腳下奔跑的齧齒動物進化成了人類。地球有生命存在的時間是三十八億年，而我們現在所存在的時間只占這段時間的一．五%。你是否仍然認為這是很久以前的事？你知道還有什麼事也需要很長時間嗎？像亞利桑那州的大峽谷和大陸漂移這樣的地貌雕刻。大陸漂移是指地球上最大的陸地以與你的指甲生長速度大致相同的速度穿過地表。以下是我最喜歡的比喻：「如果美式足球場是宇宙的時間軸，一端是大爆炸，另一端是現在，那麼人類紀錄的所有歷史跨越的距離就像場上末端一片草葉的厚度。」

長期以來，陸地的探索和發現往往與軍事或殖民勢力的土地掠奪有關。這種概念可以從尤利烏斯．凱撒（Julius Caesar）於約西元前四十五年這句惡名昭彰的拉丁警語中看出來：

「我來了，我看到了，我征服了。」（Veni,vidi,vici）

這種行為也包括在未知的地方，如南極或聖母峰等插上旗幟。在某些情況下，這些地方已經有當地居民，這讓人想起哥倫布（Christopher Columbus）於一四九

三年第一次航行到加勒比海後寫給斐迪南國王和伊莎貝拉王后的信：[4]

「我發現了許多人居住的諸個島嶼，我透過公開宣布和展開國王的旗幟為我們最幸運的國王占領這些土地。」

甚至阿波羅十一號登月任務時也插上了美國國旗的旗幟。雖然這和霸權時代插旗的意義完全不同：

「西元一九六九年七月，地球人第一次踏上月球。我們為全人類和平而來。」

隨著地球繪製出地圖和人類造訪月球，我們必須將探索和發現的範圍擴展到太陽系及更遠的地方，這些活動還包括發現和發明新方法。[5] 現在，有了傳播思想的系統，例如科學會議、同儕審閱的期刊和專利申請，每位科學家都可以利用前人的發現作為新的研究起點，節省時間和精力。這個事實對我們產生了深遠的影響，使知識呈指數型增長，而非線性增長，使得我們無法根據過去預測未來。也許你會認為自己生活在一個特殊的時代，因為你曾經做出了驚人的發現和發明。然而，這是指數成長的一個基本特徵，每個人都認為自己生活在特殊的時代，無論他們處於曲線的哪個位置。例如，我們常常聽到「現代醫學奇蹟」這樣的說法。回顧五十年前醫生使用的可怕工具和可疑的治療方法，你會為自己是活在這個時代而感到自豪，但當時的人們也曾讚揚過去五十年來的進步。在指數增長曲線上，從來沒有人會說：「天啊，我們生活的這個時代真落後。」無論那個時代在後代看起來有多麼落後。

借用我們在美分和藻類擴散例子中所運用的數學理論，我們可以探索和發現「倍增時間」需要多久。一九九五年，當我在普林斯頓大學做博士後研究時，我認為測量佩頓聽天體物理學圖書館書架上的研究期刊牆可能會很有趣。《天體物理學期刊》是領域中非常傑出的刊物，相關書籍排滿了大部分的書架，對我的實驗來說是很完美的要件。這本期刊的創刊號可以追溯到一八九五年，我所做的就是找到牆的中間，並記錄該位置期刊的年份。該位置是一九八〇年，代表從一九八〇年到一九九五年的十五年間發表的天體物理學研究與自一八九五年以來發表的研究一樣多，也表示這十五年的研究成長是過去的兩倍。但這是一開始的情況嗎？然後我找到了一八九五年和一九八〇年之間的中間點。該點是一九六五年，下一個中間點是一九五〇年，然後是一九三五年，最後是一九二〇年。由於期刊頁面大小隨著時間推移而增加，所以可能會有一、兩年的誤差。我所測量的是書架上的空間，但更準確的做法是應計算印刷頁面的總和。不過，計算結果非常清晰。

你可能會認為學術界流傳的「發表新理論不然就等著被淘汰」的文化增加了研究人員生產無聊論文的壓力，並人為地提高了生產力。但事實上，這是由研究人員數量的急劇增加和大型合作的生產力推動所帶來的。[6] 我開始了解到，每十五年的翻倍時間與其他活躍的科學研究領域步伐是一致的。

對於發明領域，讓人驚豔的是，二〇一〇年到二〇二〇年間，美國專利商標局註冊了三百五十萬項專利，比一九六三年到二〇〇〇年這近四十年的註冊量還要多，顯示出相當強勁的發展勢頭。[7]

這一切讓我想知道，現代社會的倍增時間從何時開始？我們又如何衡量它呢？

雖然我毫無頭緒，但樂意嘗試。讓我們以三十年為一個區間，回顧一八七〇年以來的工業化世界，把焦點放在美國，比較每個區間開始時和結束時的生活，看看探索和發現這兩項科學驅動力如何塑造我們的生活。

從一八七〇年到一九〇〇年，交通運輸取得了長足的進步。輪船穿越海洋的時間屢創新紀錄。一八六九年，橫貫大陸鐵路橫跨美國兩千英里的壯舉完成，讓人口在數十年的時間裡得以流動和擴張。一八九三年，傳奇東方快車成為歐洲大陸眾多鐵路線路之一，開始了它在巴黎和伊斯坦堡之間長達一千四百英里的線路。鐵路旅行讓許多路線上的驛馬車運輸成為過時的交通工具。此外，在一八八〇年代，德國工程師卡爾．賓士（Karl Benz）改進了內燃機並誕生了第一輛實用汽車。英國發明家約翰．斯塔利（John Kemp Starley）完善了腳蹬兩輪車，[8] 多虧了他才有我們現在熟悉的「安全自行車」，它使用兩個大小相同的輪子和一條將後輪連接到踏板的鏈條。那段時間，能夠在空中進行運輸的動力氣球也很風靡。

一九〇〇年的生活對於那些生活在一八七〇年的人來說，已經變得陌生了。現在，我們可以看看當時人們對於西元二〇〇〇年的預測。在新世紀開始之際，這是一個常見的行為。網站 paleofuture.com 專門研究這個主題，並有一個巧妙的副標題「未來的歷史」。當時的出版物，例如《潘趣》（*Punch*）雜誌、《大西洋月刊》（*Atlantic Monthly*）和《科利爾》（*Collier's*）等，都有許多預測。這些預測大多是基於簡單的線性推斷，例如他們預見了電照明的可能性，但認為只能用在特殊場合中。他們也喜歡想像飛艇旅行的未來，認為每個人都可以搭乘自己的私人飛艇四處移動，包括聖誕老人。因為當你有飛艇時，誰還需要神奇的馴鹿呢？當時的人們是線性思考的動物，所以他們會有這些奇怪的想法並不令人意外。

在十九世紀的最後一份星期日報紙上，《布魯克林每日鷹報》（*Brooklyn Daily Eagle*）在第十六版刊登了幾篇文章和插圖增刊，標題為〈一百年後的事物將如此不同〉。這篇文章收集了來自商業和軍事方面的領導人、牧師、政治家和其他專家的意見，就二〇〇〇年的家務、貧困問題、宗教、衛生和戰爭發表了看法。他們對電力和汽車的潛力充滿信心，甚至還繪製了一張未來世界的地圖，顯示了一個由西半球大部分地區組成的美國聯邦，範圍從北極圈以北的土地到火地群島以及撒哈拉以南的非洲、澳大利亞的南半部和紐西蘭。

大多數作家在描繪未來時，會充滿各種奇幻想像，但有位未來主義者卻無法看見未來。喬治·丹尼爾斯（George H. Daniels）是一位在紐約中央鐵路和哈德遜河鐵路工作的未來主義者，他曾凝視著水晶球預測：

二十世紀幾乎不可能有像十九世紀那樣大的交通改善。

這段話寫於飛機發明的前三年，現在看來肯定是史上最愚蠢的預測之一。然而喬治·丹尼爾斯並非只是像其他人那樣簡單地低估未來，他還主動地否認了創新的未來，特別是在自己從事的相關領域。在他的其他文章中，丹尼爾斯設想了負擔得起的全球旅遊和向中國和日本傳播白人文化，但他卻無法想像有什麼能夠取代蒸汽作為地面交通動力來源，更不用說那些能夠在空中飛行、比空氣還重的交通工具了。即使站在二十世紀的門口，這位世界上最大的通勤鐵路系統管理者也無法將他的眼光超越汽車、機車和輪船。他是又一位線性思維的受害者，在不知不覺中陷入了指數增長的現象。

從一九〇〇年到一九三〇年，人們證實了原子的存在。還發明了動力航空飛機，飛行距離從一九〇三年萊特兄弟最初的萊特飛機所飛行的一百二十英尺（三十六公尺），延伸到一九三〇年的五千兩百一十八英里的閉路飛行，[9] 由義大利飛行員翁貝托・馬達萊納（Umberto Maddalena）少校和福斯托・切科尼（Fausto Cecconi）中尉創下紀錄。地面上，無線電波成為訊息和娛樂的主要來源。城市交通從幾千年來的馬匹經濟轉變為汽車經濟，結果馬匹用送的都沒人要了。這段時期也見證了世界大戰，飛機首次用於戰鬥。奧維爾・萊特（Drville Wright）在一九一八年十二月十九日寫給紐約市美國航空俱樂部主席艾倫・霍利（Alan R. Hawley）的信中感慨道：[10]

「非常感謝你的電報，紀念我們在基蒂霍克首飛十五週年。雖然我和威爾伯更希望看到這架飛機用於和平時期的發展，但我相信它在這場大戰中的使用將成為日後其他用途的契機。」

另一方面，城市開始普及電氣化，讓人們在晚上閱讀時不再需要點燃蠟燭、鯨油或其他的火源。而無聲的黑白電影成為了當時主要的娛樂來源。

一九三〇年的日常生活對於一九〇〇年的任何人來說，是難以辨識的風貌。

從一九三〇年到一九六〇年，科技突飛猛進，我們從搭乘時速數百英里的飛機，到一九四七年的超音速飛機，再到太空時代，這些創新部分得益於戰時武器開發所帶來的啟發，例如彈道火箭技術。一九五七年，蘇聯發射了地球上第一顆人造衛星史普尼克（Sputnik），它在低地球軌道上以時速一萬七千五百英里的速度運行。隔年，泛美航空公司推出了世界上第一架商用噴射機波音七〇七，其翼展比萊特兄弟一九〇三年首飛時的距離還要寬。同時期也見證了另一場世界大戰和雷射的發明。核武器在十五年間（一九四五年至一九六〇年）的破壞力增加了近四千倍，並伴隨著火箭和亞軌道導彈技術，可以在短短的四十五分鐘內將其破壞力傳送到地球表面上的任何地方。在此同時，電視興起，成為了即時訊息和娛樂的來源，電影也得以進一步發展，現在的電影已經有了聲音與色彩。

一九六〇年的日常生活對於一九三〇年的任何人來說，是難以辨識的風貌。

從一九六〇年到一九九〇年，美國和蘇聯之間的冷戰核武器軍備競賽，對文明的生存構成了威脅。美國在一九五〇年代開始建立核彈頭庫存，並在一九六〇年代達到頂峰，而蘇聯的核武庫存則在一九八〇年代達到頂峰。[11] 柏林圍牆是建於一九六二年，成為邱吉爾將東歐和西歐分隔開來的「鐵幕」的最大象徵。但是，隨著歐洲的和平發展，柏林圍牆在一九八九年被拆除。電晶體的商業化使得電子消費產品能夠小型化，將視聽設備從沉重的落地式客廳家具轉變為隨身攜帶的物品。雷射技術從花費數萬美元的專用實驗室設備變成能在大賣場結帳櫃台衝動購買的五．九九美元雷射筆。大量女性進入勞動力市場，特別是在傳統上由男性掌握的專業領域。週日報紙將他們的「女性版」重新命名為「家庭版」。現代同性戀權利運動透過影響全球的愛滋病流行，迅速引起主流媒體關注。直到一九八七年，同性戀才從美國精神病學協會編製的精神疾病清單中正式被移除。[12] 電腦從昂貴、占用大房間的專用機器，專門由軍隊和科學家使用，變成了桌上必備的物品。ＩＢＭ和蘋果電腦在一九八〇年代推出的個人電腦永久地改變了人們日常工作和娛樂的習慣。一九八〇年代的醫院廣泛使用磁振造影，一種有效的醫療專業工具，可以在不必先切開身體的情況下診斷人體狀況。

在《回到未來》第二部（一九八九年）中，電影製作人設想了二〇一五年遙遠未來的生活，電影中有會飛行的汽車，每個人都希望能在未來擁有飛行汽車。但在一個場景中，主角馬蒂·麥佛萊在家裡的視訊通話中激怒了老闆，並被解雇了。這個壞消息在那個時候是透過傳真傳送。不只一台傳真機，他的未來住宅有三台傳真機，因為如果在一九八九年每個人都擁有一台傳真機，那麼在未來，二十六年後，每個人肯定都會擁有三台。平心而論，不僅是好萊塢的電影，一九九三年，AT&T 電信發起了一場關於未來的廣告活動，標語為「You Will」。大部分的預測都很準確，但不包括一個電視廣告，一個人坐在海邊的躺椅上，在平板電腦上塗鴉，即將做一些我從不想做、從不需要做、從未做過、將來也絕對不會做的事情。廣告中的配音誇耀著：「你是否曾從海灘發過傳真給其他人？你將能做這件事，我們就是能將這項服務帶給你的公司：AT&T。」

還有一件事，在一九六〇年到一九九〇年間，我們製造了有史以來最強大的火箭，並利用它飛向月球九次。在那裡，我們環繞、著陸、步行、跳躍、打高爾夫球，並駕駛三輛電動越野車穿越其塵土飛揚的貧瘠地形。我們還開發了一種可重複使用的航天飛機，並撥款建造一個足球場大小的國際軌道太空站。抱歉，這應該是三件事。

一九九〇年的日常生活對於一九六〇年的任何人來說，是難以辨識的風貌。

從一九九〇年到二〇二〇年，我們繪製了人類基因組圖譜，電腦變成可攜式的，小到可以放在背包裡。英國計算機科學家提姆·柏內茲（Tim Berners）於一九八九年在瑞士歐洲核子研究組織（CERN）發明了全球資訊網，從此之後網路在一九九〇年代變得無所不在。到了二〇〇〇年，搜尋網站和電子商務已經司空見慣，每位擁有電腦和網路的人都會有電子郵件地址。在這個時期的早期，手機已經成為出門在外的人的標準配備，但從二〇〇七年開始，手機迅速被口袋大小的智慧型手機所取代，讓使用者可以盡情享受音樂、媒體和網路資源。智慧型手機進一步承載了無數改善日常生活的功能，包括拍攝高品質照片和影片的相機，對了，還能拿來打電話，智慧型手機可能是發明史上最偉大的發明。到了二〇二〇年，在八〇億人口的世界中有三十億支智慧型手機，而二〇〇七年之前智慧型手機還不存在。如果你在一九九〇年向任何人展示智慧型手機，他們可能會恢復焚燒女巫的法律來消滅你的魔法。

一九九六年，美國軍方為國家安全而專門開發的導航工具：全球定位衛星（GPS）正式開放商業使用。就在那時，比爾．柯林頓總統發布了一項政策，宣布GPS是一種兩用系統。導航工具迅速商業化，服務範圍包括追蹤包裹、叫車服務，甚至可以在你所在位置的四個街區內選擇一個互有興趣的性伴侶。在二〇〇〇年代，社群媒體平台改變了家人、朋友，尤其是政治交流方式。現在，你可以駕駛電動汽車穿越美國，並在沿途四萬個充電站中的任何一個充電站充電。同時，我們也看到了電動自動駕駛汽車的曙光。電玩店和CD、DVD已經消失，電腦聰明到可以在西洋棋、圍棋、益智節目和幾乎所有需要腦力的競賽中打敗人類。以下這句話，在二〇二〇年已經成為當下最清晰的定義：

「Google一下，看看YouTube上有沒有貼出什麼最近瘋傳的智慧型手機自拍4K影片。」

以上這段話出現在一九九〇年的話，會充滿了對任何人都沒有意義的神祕名詞和動詞。

你知道自己活在未來中，因為你可以登上重達百噸、有著翅膀的加壓鋁管，在椅子上以時速五百英里的速度於地表上三萬一千英尺的高度平穩飛行，並在穿越大陸時有人為你送上義大利麵和飲料，而這些人部分的工作就是讓你感到舒適。在旅途的大部分時間裡，你可以上網，並從一百部電影中挑選一部來觀看，幾個小時後安全平穩地降落，並抱怨義大利番茄醬不合口味。

隨著社會不斷進步，美國等地的長者智慧似乎發揮不了太多作用，最多只有在多代同堂的感恩節晚餐上引發些許緊張情緒。他們的建議可能與現實脫節，例如大學該選擇何種科系、應該從事哪種工作、該買哪款車、該使用何種藥品、講哪些笑話、吃哪些食物等等。除非你剛好生活在藍色地帶（Blue Zones）*，那裡的人們通常能活到一百歲。如果是這樣，就可以考慮聽從長輩們的建議，尤其他們（可能）不是住在山洞裡。不管怎樣，你的長輩或許比你更具智慧，能夠掌握人類情感，例如愛、善良、正直和榮譽等，這些都是世界上幾乎不變的情感。

*註：藍色地帶指的是該地居民平均壽命比其他地區更長的區域，但這個概念頗具爭議性。

今日，我們對於二〇五〇年這個世紀中葉，充斥著大量的預測，但如果一切都像過去一百五十年那樣發展，那這些預測肯定都會失敗。或許這樣也是好的，因為現在大多數的預測都很悲觀，許多人預言了氣候變化將帶來末日，有些人擔心會出現更致命的病毒，死亡人數可能遠超過二〇二〇年新冠肺炎造成的六百萬人。還有一些人擔心人工智慧將逃離虛擬世界，成為人類的霸主。在電視和電影中，人們成為殭屍的末日讓人感覺非常真實。有位書迷曾經問二十世紀的科幻小說家雷·布萊伯利（Ray Bradbury），為什麼他描寫的未來都這麼灰暗？文明會終結嗎？他回答道：「不是的，我描述這些未來的目的是讓人們去避免這些事情的發生。」[13]

因此，當有人暗示或宣布他們對二〇五〇年的世界狀況有任何預測時，我會反思人類在這三十年間的所作所為，其中沒有任何線性關係。自然世界的發現之河呈指數增長，而新興的洞察力和知識是匯注到其中的支流，這肯定會讓未來主義者感到尷尬，但這不會阻止我去嘗試。當我在一九六〇年代第一次看到《星艦迷航記》電視劇時，我完全接受了擁有曲速引擎、光子魚雷、光炮、運輸機和外星人的未來，但我記得自己當時在想：「不，當你走近一扇門時，門不可能會自動打開。」

所以，是時候讓自己成為一個未來的傻瓜了。

到了二〇五〇年——

神經科學和我們對人類心靈的理解將變得十分先進，這代表精神疾病將成為可以治癒的疾病，然而心理學家和精神病學家可能會失去工作機會。

隨著自動駕駛的電動汽車的興起，道路上的所有汽車和卡車都將被取代。如果你喜歡豪華的內燃機跑車，可以在特別設計的賽道上駕駛，就像今天可以在馬場上騎馬一樣。

人類的太空探索將轉變為太空產業，並不再依賴稅收支持，而是靠旅遊業和人們在太空中的夢想來維持。

我們將開發出完美的抗病毒血清，並能治癒癌症。

藥物將按照每個人的DNA進行量身訂製，因此不會產生不良副作用。

我們可以抵制將電腦線路與大腦線路連結的衝動。

我們將學習如何重新生長失去的四肢和衰竭的器官，就像地球上其他可以再生的動物一樣，例如蠑螈、海星和龍蝦。

人工智慧不會成為我們的霸主並奴役人類，而只是一項為我們的日常生活提供服務的科技產品。

是什麼推動了這一切？當我們想到文明時，通常會想到的是工程和科技如何塑造我們的生活，當我們更深入地挖掘並找到持續的科學發現時，這些發現能夠推動這個過程。十九世紀在熱力學上的進步，使工程師們對能量和熱量有了必要的了解，並進一步設計和完善了發動機。大約在同一時間，電磁學的發現啟發了所有關於如何產生和分配電力的想法。愛因斯坦在一九〇五年和一九一六年發表的相對論最終將提供GPS衛星計時所需的精準度，以及對於我們的宇宙有更多非凡的認識，範圍從太陽如何產生能量到大爆炸這個事件本身。一九二〇年代的量子力學成為所有現代電子產品的基礎，尤其是數位訊息的建立、儲存和檢索。材料科學這個領域也在不斷探索新合金、複合材料和表面紋理，改變了我們在工業化世界中看到、觸摸、穿戴和使用的一切。這些領域中的每一個項目都代表了物理科學的分支，科學家們在研究論文中報告這些發現，這些論文曾經出現在書架上的期刊上，但現在是出現在網路上，而網路是在一九九〇年一般人無法使用的科技。

是的，我們生活在特殊時代，正因為這一切如此特殊，不禁讓人想起幾千年前流傳下來的《傳道書》中這段經常被引用但目光短淺的詩句：[14]

已有的事後必再有；已行的事後必再行。太陽底下沒有新鮮事。

這段話只可能出現在科學尚未萌芽的時代，當時還沒有指數成長這個概念，也還沒有任何人踏出黑暗的洞穴中探索。今日，在太陽、月亮和星星底下，隨時都有新鮮事，唯一不變的是，世界不會停止變化。

03 地球與月球

宇宙視角

二十七名太空人曾經乘坐阿波羅計畫的土星五號火箭離開地球，到達距離地球二十五萬英里外的月球。除了少數太空人為哈伯太空望遠鏡和 SpaceX 旅遊任務提供服務外，其餘五百名曾經繞行地球的太空人從未到達超過海平面上兩百五十英里的高度。這個高度比從巴黎到倫敦、伊斯蘭馬巴德到喀布爾、京都到東京、開羅到耶路撒冷以及首爾到平壤的距離稍微遠一些。如果你是位不太熟悉其他地方的地理的美國人，可以想像一下，比從紐約市到華盛頓特區稍微遠一些。下次當你拿著地球儀時，可以看看這些城市之間的距離，它們在地球儀上大約只相隔一公分。換句話說，這些年來我們所謂的「太空旅行」其實只是太空人在地球儀上方的一公分處繞行，勇敢地去到數百人曾經到過的地方。而在遵守速限的前提下，這個距離也只開車不到四小時就可以到達。

雖然我看似瞧不起這麼一丁點距離，但其實這樣的距離已經足以給予許多啟發。當沒有透過雙筒望遠鏡或高解析攝影機觀察時，從軌道上幾乎看不到能夠識別的人類文明。是的，從上方看起來，夜晚的城市燈光十分璀璨，但並不會比從飛機上看起來更引人注目。你看不到中國的萬里長城，也不會看到比長城更寬闊的美國州際公路系統，只能勉強辨認出胡佛水壩和埃及的大金字塔。人眼加上大腦組合的解析度約為一弧分，在蘋果電腦強打的 Retina 顯示器中，他們成功創造出比人眼可以分辨的更小的像素，在一般距離下使用顯示器時可以小於一弧分。在這樣的解析度下，眼睛加上腦部系統看不到任何像素，因此會讓圖像呈現前所未有的清晰度和銳利度，在視力一．〇的情況下，相當於美式足球場長度上的核桃大小。哈伯望遠鏡的視力優於一．〇，另外還有軍用版本是往下觀察而不是往上觀察的，它可以在一百英里的距離內看到一顆核桃。

從地球軌道上只能看到一、兩個人造結構，其他一切將我們分開的東西，包括國界、政治、語言、膚色、你所崇拜的人等等，都是看不見的。我們地圖上用顏色標記的國家清楚地提醒我們，誰和我們不是一國的，進而去辨識誰是盟友、誰是敵人。太空人麥克·馬西米諾（Mike Massimino）是一名工程師，他的太空任務包括為哈伯太空望遠鏡提供服務。他在自己的回憶錄中深刻地寫出從太空俯瞰地球的感想：[1]

當我在太空上漫步並俯視地球時，我腦海中閃過的想法是：這一定是從天堂看到的景色。然而隨即我又換了一個想法：不，這就是天堂的模樣。

麥克每次分享這樣的體驗都會淚眼婆娑。他所在的高度比國際太空站還要高一些，哈伯太空望遠鏡在三百四十英里高的軌道上運行，這讓他身處於地球儀上方一·三公分的位置。儘管如此，麥克離地球已經夠遠，可以透過宇宙的視角而不是地緣政治的視角來剖析地球，他擁有的是全面的「概觀效應」。地球上那些受壓迫、與鄰國交戰或飢寒交迫的人中，有多少人會認為地球是天堂呢？獲得太空視角並返回地球之後會改變你與地球和人類同胞之間的關係。

事實證明，世界上有兩個地區確實可以從太空中識別出邊界，就好像是地圖繪製者自己畫的一樣。在某個地區，一邊是綠色的田野，另一邊則是涇渭分明的棕色沙漠。在另一個區域，城市的燈光照亮了夜景，但另一邊則是涇渭分明的黑夜。這可以在山脈或其他一些廣泛的天然屏障上自然發生。但不在這裡，這些邊界是清楚而纖細的，顯示了跨國界共享資源的不均衡，一方享有對自己土地的控制權，另一邊則沒有。

這是怎麼回事？

灌溉／沙漠的邊界位於中東、以色列和加薩走廊之間，還有以色列和西岸大片地區之間，這些地區政治局勢持續緊張。以色列的人均國民生產毛額是巴勒斯坦的十二倍。[2]

明／暗的邊界位於東亞，在南韓與北韓之間，南韓的人均國民生產毛額是北韓的二十五倍，這裡也是另一個政治局勢持續緊張的地區。

如此明顯的視覺差異未必是不同地緣政治的國界，還可以劃定被征服的區域。

一九九二年我首度訪問南非，當時是納爾遜．曼德拉（Nelson Mandela）當選總統的兩年前，我在晚上抵達約翰尼斯堡，並注意到在通往城市的漫長道路上，有一個很大的地面區域，邊界清晰，內部沒有燈光，看起來像是一個湖泊，這就是晚上從飛機上看到的湖泊模樣。一週後回到家，我搭乘的是白天的班機，地面非常明亮，我才發現之前看到的不是湖泊，而是索維托的大部分地區，那是約翰尼斯堡一個全是黑人居住的貧民窟。當地沒有電，不管白天或晚上都沒有照明、沒有電器用品、沒有冰箱。在理智上，我知道這些事情，但當我從上空直接面對這一切，當細節被剝奪時，我看不到政治、歷史、膚色、語言、偏執、種族主義和抗議，而是被一個更簡單的想法所困擾：即作為一個物種，我們可能不具備未來確保文明生存所需要的成熟度或智慧。

讓我們再往上提升一些。事實上，讓我們一路往月球去，以下是太空愛好者之間偶爾會分享的一句俏皮話：

「如果上帝希望我們擁有一個太空計畫，他就會給地球一個衛星（月球）。」

這句話反向觀察太空探索的驅動力。請注意，最靠近地球的行星是金星，但金星沒有衛星，而下一個離我們最近的鄰居火星有兩顆衛星：火衛一和火衛二。這兩顆衛星形狀像愛達荷州的馬鈴薯，非常小，不過可以輕鬆容納大多數城市。相反地，月球比冥王星大百分之五十，是太陽系第五大。因此，地球能擁有這樣一顆衛星是很幸運的，它為勇敢的探險家提供了夢想中的探索之地。

如果太空梭和國際太空站的軌道是在某個教室的地球儀上方一到一．三公分之間，那麼月球就會在十公尺外的隔壁教室。這就是為什麼火箭抵達地球軌道只需要八分鐘，而阿波羅火箭抵達月球需要整整三天。

一九六八年十二月，阿波羅八號從地球升空後，開始繞月軌道飛行，並成功拍下了一系列具有開創性的照片。這是人類有史以來首次飛往另一個目的地，並且成功地離開了地球軌道。

從太空中俯瞰地球，整個地球看起來是裸露的。這正是宇宙希望我們看到的：陸地、海洋和雲層脆弱地並置，漂浮在虛無的空間中，沒有任何跡象表明任何人或物體能夠拯救我們。這種觀點超越了概觀效應，展現了宇宙觀點的真正開端。

月球的天空中，地球幾乎是地球天空中月球的十四倍大。地球的反射率大約是月球的二．五倍。由於雲層的覆蓋會影響準確度，因此從月球上看到的完整地球，會比地球上看到的滿月明亮三十五倍左右。不過，與美國太空總署所拍攝的「地出」（Earthrise）照片所暗示的不同，這張照片是從阿波羅八號指揮艙在軌道上拍攝的，地球既不升起也不落入月球。從月球的近側看，地球從未離開天空，而從月球的遠端，你甚至無法看到地球的存在。

阿波羅八號沒有登陸月球，這讓他們在阿波羅十一號的尼爾．阿姆斯壯（Neil Armstrong）、伯茲．艾德林（Buzz Aldrin）和麥可．柯林斯（Michael Collins）的陰影下被遺忘。事實上，它只是在返回地球前繞著月球運行了十次，但過去從沒有人見過如此遙遠的地球。他們從發射到在地球海中降落的任務從十二月二十一日持續到十二月二十七日，在這期間結束了自一個世紀前內戰以來美國最動蕩的十年中最血腥的一年。在越戰期間，一九六八年死亡的美國人和越南人比任何一年都還要多。這一年發生了二月的戊申節事件和三月惡名昭彰的美萊村大屠殺。同年，美國也在四月發生金恩博士遇刺事件和六月的鮑比．甘迺迪（Bobby Kennedy）遇刺事件，隨後在城市和大學校園內持續發生暴力抗議。

有人說阿波羅八號拯救了一九六八年，[3] 但我更喜歡說，阿波羅八號發揮了它的剩餘價值。

請注意，阿波羅八號的旅程包括聖誕假期。在平安夜，三位太空人，比爾·安德斯（Bill Anders）、詹姆斯·洛維爾（James Lovell）和弗蘭克·博爾曼（Frank Borman），仍在進行繞月軌道的任務，他們當時輪流閱讀欽定版《聖經》中《創世紀》的前十節經文，就算沒有聽過全部，你也可能聽過這些內容的其中一些。

安德斯開始唸道：

> 我們現在正在接近月球日出，對於所有在地球上的人們，阿波羅八號的工作人員有一個訊息想傳達給你們：
>
> 起初，神創造天地。
>
> 大地是沒有形體的，是虛空的；黑暗籠罩著深淵，而神的靈在水面上移動。

神說，要有光，就有了光。
神看到了光，認為那是好的：神將光明與黑暗分開。

洛維爾繼續說道：

神將光明稱為白晝，將黑暗稱為夜晚。夜晚和清晨是第一天。
神說，諸水之間要有穹蒼，並將眾水分開。
神造了穹蒼，把穹蒼之下的水和穹蒼之上的水分開：事就這樣成了。
神稱天國為蒼穹。夜晚和清晨是第二天。

博爾曼繼續說道：

神說，天下的水要聚在一處，使旱地露出來，事就這樣成了。
上帝稱乾地為大地，諸水聚在一起，稱為海。神認為這樣是好的。

來自阿波羅八號的隊員們，我們以晚安、好運、聖誕快樂結束，願神保佑你們所有人，所有在美好地球上的人們。

從太空的角度來看，你可以有不同的見解，尤其是擁有宗教信仰時。然而，回到地球上，作為對從月球傳來的《聖經》解讀的回應，著名狂熱的美國無神論者組織的創始人麥達琳·默里·歐黑爾（Madalyn Murray O'Hair）起訴聯邦政府，指控政府違反了第一修正案「國會不得制定任何關於建立宗教的法律」的部分。該訴訟被各級法院駁回。由於我缺乏法律專業知識，因此無法評論她訴訟的合法性，但我對訴訟本身有些想法。當時我只有十歲，但如果今天遇到當時的麥達琳，我們之間的對話可能會是這樣的：

尼爾：「你是否曾被綁在土星五號火箭上，推力達九百萬磅，並在聖誕夜被送往二十五萬英里外的太空中，從月球軌道見證地球升起？」

麥達琳：「沒有。」

尼爾：「那你就他媽的閉嘴。」

在最初九個此類任務中的第一個任務裡，我們的目標是探索月球，但在這麼做的同時，我們回望並第一次發現了地球之美。在地出照片發布後，人們的想法改變了，地球這個星球變得前所未有的重要。如果當地的河流或湖泊被工廠廢水污染，人們會感到氣憤並嘗試對此採取措施。但是，將整個地球視為一個整體的生態系統，而不僅僅是你所在的部分區域這件事，當時還沒有成為優先事項，甚至還沒有成為一個想法。

在美國，早在一八七二年就播下了重要的種子，國會將懷俄明州的黃石公園指定為第一個國家公園，隨後是老羅斯福（Teddy Roosevelt）總統於一九〇六年頒布的保護自然和其他歷史古蹟的古物法案，以及總統伍德羅・威爾遜（Woodrow Wilson）於一九一六年建立的國家公園管理局（National Park Service）。接著將時間快轉到一九六二年，當時海洋生物學家瑞秋．卡森（Rachel Carson）出版了她的暢銷作品《寂靜的春天》（*Silent Spring*），這本書揭示了農業中過度使用農藥的後果，尤其是會對環境造成衝擊的、俗稱DDT的雙對氯苯基三氯乙烷。這本書的內容和成功促使約翰．甘迺迪（John Kennedy）總統要求他的科學顧問委員會研究這個問題。一九六九年初，美國經歷了一次嚴重的石油外洩，多達一萬六千立方米的原油污染了加州富裕的聖塔芭芭拉郡的水域和海灘。[4]

到一九七〇年，我們已做好準備要來拯救地球。

從一九六八年十二月到一九七二年十二月，進行了九次的阿波羅登月任務。在那段時間裡，我們仍在與蘇聯進行冷戰並在越南進行熱戰。校園持續動盪不安，最終導致了一九七〇年肯特州立大學的槍擊事件，手無寸鐵的反戰示威者被俄亥俄州國民警衛隊槍殺，造成九人受傷，四人死亡的慘劇。[5]美國顯然有緊迫的問題需要解決，然而，我們也必須停下來反思我們與地球的關係。

下頁的表是一系列行動，其速度、範圍和使命都是史無前例的，這些事件都發生在一九六八年至一九七三年間，早於世界其他工業化國家通過相應立法之前。

阿波羅十一號第一次月球漫步	一九六九年
全面性的空氣清淨法	一九七〇年（較早版本：一九六三年、一九六七年）
第一個國家地球日	一九七〇年
國家海洋暨大氣總署成立	一九七〇年
《全地球目錄》	一九六八 / 一九七二年（此後偶爾出版）
國家環境保護局成立	一九七〇年
「哭泣的印第安人」公益電視廣告	一九七一年
無國界醫生組織在巴黎成立	一九七一年
禁用 DDT 農藥	一九七二年
淨水法案	一九七二年
阿波羅十七號（最後一次登月任務）	一九七二年
瀕危物種法案	一九七三年（較早版本：一九六六年、一九六九年）
第一台汽車觸媒轉化器誕生	一九七三年
首次制定無鉛汽油排放標準	一九七三年

以下幾點說明：「哭泣的印第安人」廣告是一個情感訴求，呼籲大家不要將垃圾扔出車窗，並成為那個時代最受認可的公益廣告之一——儘管這位穿著美洲原住民服裝流淚的演員，實際上是義大利血統。我將人道主義組

織無國界醫生的成立包括在內，因為假設沒有從太空看到地球，「無國界」的這個概念可能就不會出現，而可能只會有「國際」醫生或「跨國界」醫生這樣的概念，這只是我的一個想法。此外，官方的地球日歷史頁面上並沒有提及阿波羅號或從太空俯瞰地球的影像，[6] 只是宣布瑞秋．卡森一九六二年出版的書為一九七〇年的地球首次慶祝活動奠定基礎。與此同時，來自太空的地球影像成為《全地球目錄》（Whole Earth Catalog）可愛且歷久不衰的象徵，並成為地球日的非官方旗幟，[7] 那是阿波羅十七號於一九七二年十二月從月球返回地球時所拍攝的完整地球圖像。

人們永遠無法確切地知道，人類行為的微妙或不那麼微妙的原因和影響。從我的偏見來看，「關心地球運動」原則上可能發生在一九五〇年或一九六〇年，當時環境問題同樣是個議題。例如，洛杉磯盆地的空氣污染，由於汽車的興起以及當地地理造成可怕的熱逆流，都使得洛杉磯在一九四〇年代和一九五〇年代成為地球上污染最嚴重的城市之一。[8] 當瑞秋．卡森的書在《紐約時報》暢銷書排行榜上，從一九六二年到一九六三年蟬聯三十一週時，也是污染最嚴重的時候。原本一切都很理想，但甘迺迪在一九六三年被暗殺，卡森不幸在一九六四年死於癌症。在一九六三年到一九六九年期間，共有四份政府報告提交給三位總統，每份報告都探討了農藥對農作物和人類健康的影響，每份報告都呼籲要逐步淘汰DDT這種農藥，[9]但在那段時間裡仍然沒有採取任何立法行動。在一九六九年聖塔芭芭拉的漏油事件之前，從一九六二年十二月到一九六三年一月發生了另外兩起漏油事件，影響了密西西比河和明尼蘇達河沿岸。[10]儘管如此，我們都被其他事情分散了注意力。大眾的環保意識本可以等到越戰結束後的一九七五年，或者到一九九〇年在柏林圍牆倒塌之後才產生，但事實上，這一切都發生在阿波羅登月任務的期間，當時，來自星星的訊息從太空輕輕降落，讓所有人類真正開始關心地球。

月球不僅是我們在太空探索的首個目的地，還在世界文化中扮演了極為重要的角色。中國、伊斯蘭和希伯來曆法的時間計算都基於月相週期。滿月在日落時升起，日出時落下，反射的物理特性使其比半月還亮六倍，因此月光在夜晚成為了極好的照明來源。此外，月亮還促進了許多人的迷信觀念，一些人認為月亮能對人類

行為產生神祕的影響力，尤其是在滿月期間。

提問力是科學素養中極為重要的部分。學會如何思考和提問自然界的問題，比已知的知識更為重要。只要按照正確的順序提出正確的問題，答案就會自然浮現。

許多人都聽說過在滿月時會有人變成狼人的傳說，但為什麼在地下室或月光被遮住時卻不會發生呢？就算你不能透過雲層看到滿月，也不代表月亮就不存在。月光不會將你的基因圖譜暫時轉換為野生犬科動物的基因圖譜，這種說法在生物學和生理學上是不合理的。你知道月光只是反射了陽光嗎？如果分析月光的光譜，你會發現它與太陽的光譜是相同的。（我在八年級參加科學博覽會就展示過此一事實，使用的是我從零打造的光譜儀，結果我獲得第二名。）如果月亮能在晚上將你變成狼人，那麼白天的太陽也同樣會對人類產生類似的影響。

有些人相信滿月時出生的嬰兒比其他時候多，但這個說法並沒有統計數據支持。實際上，相對於其他階段，滿月對地球並沒有施加額外的引力。但讓我們暫時忽略這些事實，想像一下，當嬰兒出生時，分娩台是否正好對著滿月。如果是的話，也許月亮的引力可以將嬰兒從子宮裡拉出來。但理論上，在所有醫院產房中，分娩台的位置應該是隨機的。假如有些分娩台剛好在滿月的另一面，那麼月球的引力就會往反方向拉，使嬰兒留在母親的子宮裡，延遲分娩，而不是加速分娩。

有些人或許會想，如果不是月球的引力在作用，那麼其他的神祕力量是否也可能影響了嬰兒的出生？或許科學尚未發現的方法或工具也有可能起了作用？新興的科學總是很有趣，通常也會帶來諾貝爾獎，但我們不需要太過著眼於未來的可能性，因為現在我們只是在提出問題而已。人類的妊娠期是多久？一般醫生告訴你是兩百八十天，也就是四十週，但這並不完全正確，因為這是從最後一次月經週期算起的天數，而且很少有人會在這段期間懷孕。實際上，你真正開始懷孕的日期可能是兩週後的排卵期。因此，製造一個足月的人類嬰兒所需的實際時間應該是兩百八十天減去十四天，也就是兩百六十六天。現在讓我們問一下月球從滿月到下一個滿月循環所需的時間是多少？你可以查一下，平均為二十九・五三天，九個週期加起來正好為兩百六十六天，這很耐人尋味。也就是說，一個足月的嬰兒需要大約九個月亮週期才能在子宮內發育成熟，因此在滿月下出生，儘管有些浪漫，但只是代表你很可能也是在滿月下受孕的，當然這也很浪漫。這些事情不需要訴諸新的物理或神祕力量或超自然事件來解釋，只要透過理性的調查就能帶你獲得真相。

月球對地球的潮汐有很大的影響，尤其是在滿月期間，海水會特別高漲。由於人體和海洋都是由水組成的，所以滿月的潮汐力肯定也會以某種方式影響我們，不過不用擔心，這不會讓我們變成瘋子。在地月系統中，地球面向月球的一側距離較近，因此感覺引力會比背向的一側更強，這對地球產生了一種拉力，最明顯的表現就是海洋的潮汐，不過陸地也會受到影響。需要注意的是，此處描述的月球對地球潮汐的影響與月相無關，因為月球潮汐的強度和月相並不相關。事實上，滿月會帶來最高的潮汐並不是因為月亮本身，而是因為太陽的影響。太陽對地球潮汐的影響力約為月球潮汐的三分之一，但很少有人談論這個問題。在滿月期間，太陽帶來的高潮汐會增強月亮帶來的高潮汐，這可能會給人一種誤解，認為是因為滿月，所以引力才那麼大。此外，無論你把什麼其他引力影響歸咎於滿月，新月的情況也是一樣的，因為太陽的潮汐也會隨著月相的變化而改變。

另一個值得思考的問題是，月球穿過你頭部直徑的潮汐力和穿過地球直徑的潮汐力相比如何？就像地球一樣，在任何時候，你的頭部都會有一側離月球比較近，可以感覺到比另一側更強的重力。現在，讓我們想像一下，你的腦袋只是一個七英寸的海水球體，那麼，月球對你的腦袋會產生多大的扭力呢？透過數學公式計算過後，你會得到的答案是大約萬分之一毫米。這個扭力比你晚上把頭枕在枕頭上時，十磅重的頭對自己的頭顱造成的扭力還要小得多。事實上，從來沒有人說過用什麼品牌的枕頭會讓你變成狼人，或是你的頭因為滿月而變得更大之類的事情。如果你覺得這個例子太抽象，那就想像一下把自己的頭伸進一個工業級虎鉗中，然後請你的朋友每晚都擰緊到十磅的力量。

——

月球的優勢之一是和太陽的相對大小和距離的奇妙配合，使得日食成為可能。由於太陽比月亮寬四百倍，而剛好距離也相差四百倍，因此我們可以看到壯觀的日食。然而，這種配合並不會永遠存在，在遙遠的未來可能也不再是如此。因為月球正以每年約一．五英寸的速度遠離地球，所以我們應該趁此時刻好好享受這場美麗的巧合。每隔幾年，月球就會正好經過地球和太陽之間，剛好遮住太陽，讓天空成為一片黑暗，只有太陽外層大氣的華麗日冕短暫顯露。這樣的組合在太陽系中是獨一無二的。

日食是眾多天文現象之一，總是讓我們無法抗拒地被吸引和深陷著。太陽、月亮、行星和恆星對我們個人的影響被稱為占星術，並且可以追溯到很久以前，有些人甚至說占星是世界上第二古老的職業。當我們每天看著天空圍繞著我們時，怎麼會有人不這麼認為呢？例如，某些星座會在每年秋天於黎明前升起，就在你的農作物準備收割時，清楚地展現整個天空的穹頂，無論白天還是黑夜，都在關愛地照顧著我們的需求。

在這樣的心態下，我們相信天空中的現象能預示著自身、我們的文化或宗教上可能會期待或害怕的事件。幾年前，我在海頓天文館的辦公室接到一位女性打來的電話，她正在翻找已故父親的私人物品，其中包括一位祖先的日記，那位祖先是新英格蘭的移民，他描述了家人們駕乘有頂蓋的馬車前往新家的過程。在日記中，他焦急地描述了中午天空迅速變暗的事情。這家人的族長深感憂慮，他感到第六封印似乎在沒有預警之下被揭開了，《啟示錄》中的聖經預言正在發生一樣：[11]

「揭開第六印的時候，我觀看著……日頭變黑像毛布，月亮變紅像血。」

他停下馬車，請全家人跪下、祈禱、悔改，並準備好迎接他們的創造者。致電我辦公室的人想知道的是，她的祖先是否在無意中描述了日全食的現象。我問了日記的日期，她不確定，但知道那次旅行是在一八〇〇年代初期發生的。我拿出了自己為此類緊急情況時保留的專用軟體，將時間定位為一八〇六年六月十六日中午，並確認他們當時所在位置是麻州。在十九世紀初，受過一點教育的人都了解日全食這個現象，因此該事件會被誤解的唯一可能，就是馬車的位置是在雲層的覆蓋之下。當時，由於天空莫名地一片漆黑，加上遭遇者本身是虔誠的、精通《聖經》的基督徒，因此就認為那是上帝的顯靈。要是當時沒有雲層，或許那家人就只會將其視為一項教育奇觀。

二十七年後，在一八三三年十一月十三日的黎明前，一年一度的獅子座流星雨帶來了一場難忘的奇景。當時在整個北美地區都可以看到這場流星雨，每小時釋放超過十萬顆「流星」，等於每秒就有三十多顆。相比之下，一般的流星雨平均每分鐘只有一顆，因此當時的流星數量真的非常驚人。這場流星雨被稱為「流星風暴」，是因為地球在繞太陽運行時穿過比平常更密集的彗星碎片群所造成的。獅子座流星雨的主要成分是坦普爾－塔特爾（Tempel-Tuttle）彗星的碎片，雖然它們不比豌豆大，但當它們以時速十六萬英里的速度撞擊地球大氣層時，會燃燒成一道強光，在黑暗的天空中閃爍。

當時只有二十四歲、尚未成為總統的亞伯拉罕．林肯是伊利諾州當地長老會的一位執事的寄宿生。當這位執事看到這場令人難忘的宇宙奇觀後，迅速叫醒了林肯，他說：「快起床，亞伯拉罕，審判的日子到了！」因為這個現象是《啟示錄》中描述世界末日的其中一個徵兆：[12]

「天上的星辰墜落於地，如同無花果樹被大風搖動，落下未熟的果子一樣。」

誠實的亞伯拉罕，一個自學成才的終身學習者，盡職地走到外面仰望夜空，援引他的天文學知識，並注意到所有的大星座都還在那裡，完好無缺，像是大熊座、獅子座、金牛座、獵戶座等，因此無論墜落的是什麼，都不是星星。所以他理性地得出結論，這並不是《聖經》中關於末日的預言，[13]並立刻回到床上睡覺。

了解宇宙和宇宙視角，讓我們與天空中發生的一切脫節，同時也讓我們更有責任感，不會把地球上發生的事情都歸咎於天空。就像莎士比亞在《凱撒大帝》（一五〇九）中所說的一樣：

「親愛的布魯圖斯，錯不在我們的星辰，而在我們自己。」

一九九四年，卡爾・沙根（Carl Sagan）出版了《淡藍色的小圓點：尋找人類未來新願景》（*Pale Blue Dot: A Vision of the Human Future in Space*）一書，[14]其靈感來自一九九〇年航海家一號太空探測器在穿越海王星軌道後所拍攝的地球照片。那一刻，被認為是第一次從外部的角度與我們的太陽系行星相遇。地球在這張圖片中幾乎只占據了一個像素大小，清楚地提醒我們地球在宇宙中是多麼渺小。在卡爾的書中，他充滿詩意地表達了當地球被視為一個淡藍色的圓點時，顯得多麼脆弱和珍貴。那張圖像最接近我們下一代對社會任務宣言的重置，雖然沒有「地出」照片所帶來的衝擊那麼大。無論如何，我們可以將其視為地球的第一張自拍。

有些宇宙的發現和地出的照片一樣美妙，例如發現人類在宇宙中並不孤單。這暗示著人類的處境可能會發生不可預測或難以想像的變化。根據最迷人也最可怕的極限尺度，有可能，我們只是一個由住在自家地下室的聰明外星青少年所設計的電腦模擬程式。或者我們會發現地球只是一個動物園，就像一個玻璃容器或水族館那樣，是為外星人類學家的娛樂而建造的。更進一步來說，也許我們的宇宙，包括每個星系的千億顆恆星和可觀測宇宙中的千億個星系，只不過是某一個外星生物壁爐架上的雪花玻璃球飾品。

在所有的這些可能性中，宇宙視角將從提醒我們更妥善地照顧自己的命運，轉變為我們可能只是其他更高等生命形式的玩物。這麼想或許挺可怕的，但比起街上無家可歸的人，我們會更妥善地照顧自己的貓和狗。如果我們真是外星人的寵物，說不定他們會將我們照顧得更好？

04 衝突與化解

所有人內在的部落力量

一個成功的民主國家特色就是我們可以持有不同看法，卻不必互相殘殺。當民主失敗時或當我們無法容忍他人與自己有不同觀點時會發生什麼事？[1] 我們是否希望建立一個所有民眾的觀點都與獨裁者觀點一致的獨裁政權？我們是否渴望一個不同意見會遭到壓制、掩埋或焚毀的體制？我們是否渴望一個道德準則、價值觀、判斷和對錯都被認為是正確和無懈可擊的世界？

在各種全面衝突的背後，最大的幕後兇手就是政治和宗教，這兩個議題也是我們不斷被警告不應該公開討論的議題。這兩個議題有很多共同點，因為和個人的牽扯非常深，當分歧變得十分嚴重時，就可能導致流血衝突和爆發戰爭。

如果要算二戰六年期間（一九三九年到一九四五年）所有交戰國的傷亡人數，

每小時就有超過一千人遇難，這是非常驚人的數字。在一個多元化的世界中，如果你把自己的個人信念強加於他人，會帶來可怕的後果。科學家的使命是發現自然的特徵，即使這些特徵與你的哲學理論相衝突。這就是為什麼你不會看到一群天體物理學家對著山丘發脾氣。雖然科學家及其在軍事方面的研究成果從一開始就是軍事理論家的棋子，[2]但大多數科學家沒有動機和手段來進行這一切，這不是他們自己的意願。就連阿波羅登月火箭的設計者華納．馮．布朗（Wernher von Braun）也對V2彈道導彈的成功發表了著名評論，[3]那個導彈是他為納粹德國製造的，主要朝著倫敦和安特衛普發射。[4]

「火箭發射非常成功，只是降落在錯誤的星球上。」

人類在整個文明中的群體內／外的行為尤其令人不安，即使這種情況在演化上是可以理解的。[5]如果我們不能完全克服自己的DNA，也許透過以證據為基礎的思考模式可以克服無證據的狀態。當科學家們意見相同時，可能會有三種結果：

我對你錯、你對我錯，或我們都錯了。這是每個人陷入爭論時的默契。沒有人可以決定結果。更激烈地爭論或更清晰地表達論點只會顯示出你是多麼煩人和固執。只要有更多和更好的數據，解決方案就會自然而然地出現。

在極少數情況下，可能會出現雙方論點都正確的情況，但通常只有當他們在不知不覺中用了不同特徵來描述同一件物體或現象時，才會發生這種情形。這就像諺語中的盲人摸象，有人摸到象牙，有人則是摸到尾巴、耳朵，腿或軀幹。他們可以花一整天的時間來爭論誰對誰錯，也可以繼續探索，並在最終發現這些部位其實都是來自同一隻動物。這也需要更多的實驗和觀察，帶來更多的數據，並以此來確定什麼是客觀的真實。

除了政治上的衝突或誰才是至高無上的神祇的爭論之外，人類也不斷為了奪取有限的資源發動戰爭，像是石油和天然氣等能源、潔淨的水源、礦藏和貴金屬等。在我們的宇宙後院，太陽能無處不在，含有淡水的彗星更是多到不可數，大量富含金屬的小行星也無所不在，平靜地圍繞著太陽運行。每顆稍微大一點的礦藏都含有比整個地球歷史上任何時期開採的黃金和稀土更多的金屬。雖然我們目前還沒有走到那一步，但想像一下，未來有一天所有文明都往外太空發展時，經常地造訪太空將把太陽系變成地球的後院，到時我們就有取之不盡、用之不竭的太空能源，人類之間就不再會有衝突。探索太空可能不僅僅是人類的下一個目標，更可能是文明生存的最大希望。

在所有職業中，可能只有科學家能夠在國家之間製造和維持和平。我們都說相同的基本語言，比方說當你通過國家邊境的護照檢查時，π的數學值並不會改變，生物學、化學和物理學的定律也一樣是恆定的。我們擁有一個共同的使命宣言：一邊探索大自然，一邊破解自然的運作方式。以下是可能的結果：想像你在月球前哨站執行太空任務，與一位不同國籍的太空人合作進行科學實驗。在地球上時，無論出於何種原因，你們兩國之間的地緣政治衝突局勢升級，關係變得非常緊張，以至於兩國都撤回了大使，武裝衝突的結果也導致大量士兵和平民傷亡。而你現在在太空中的月球上，你該怎麼做？是否要因為二十三萬八千英里外的地球政治家的情緒、憤怒和行動而將你的太空合作夥伴撂倒在地上？也許你們的國家元首也透過無線電向你們倆發出了中斷彼此所有聯繫的指示。但這時你將會、也應該平靜地繼續你的月球日常活動，進行實驗，並為自己身為幾千年來在地球上不斷互相進行殺戮的種族而感到失望與羞愧。

——

事實上，不是所有國家都有往太空探索的本錢與機會，那些能夠進行這些探險的國家的確共享了某種不分你我的羈絆。在我兩度受任參加白宮委員會的任務期間，有次任務的主題是關於「美國航空航天工業的未來」，[6] 我當時有機會在許多國家與同行會面並打招呼，並探索了航空產業能在運輸、商業和安全各方面能提供哪些協助。在整個歐洲、俄羅斯和東亞，我們評估了未來可能等待著我們的挑戰和機緣。在整個過程中，我與其他科學家和工程師都有著極好的情誼，該委員會的政界人士和企業高層也感受到熱烈的歡迎，但俄羅斯的代表團則是瀰漫著一股緊張的氣氛。在莫斯科郊外的太空人培訓中心星城（Star City），氣氛非常怪異，我不會說俄語，也不會發他們語言的音，因為我不懂西里爾字母，而且不喜歡喝伏特加，但在我們抵達後不久（大約上午十點左右），設施負責人就從他辦公桌後面的一扇暗門裡拿出伏特加給我們喝。在他們邀請阿波羅十一號月球漫步者和委員長伯茲．艾德林在著作上簽名後，我們全都開始談論一九六〇年代和一九七〇年代的太空競賽以及太空探索的未來。就在那時候，原本我們之間的所有隔閡都消失了，我覺得我認識房間裡的每個俄羅斯人一輩子，就像彼此是兒時的好友，在同一個沙坑裡玩過同樣的玩具那樣。

只有美國和俄羅斯（蘇聯）有能力將人類送入太空軌道長達四十二年，直到中國加入這個行列，並於二〇〇三年將他們的第一位太空人送上太空。我們之間的情感聯繫是很深刻的，其中的友誼遠高於世俗的政治，我們之間的羈絆是由太空所連結起來的。

我是在冷戰期間長大的，和其他熱血的美國人一樣，認為俄羅斯人是邪惡的、無神論的共產主義者。我們不是應該互相憎恨嗎？我們不是應該是死對頭嗎？事實上並非如此，政治上或許是的，但作為探險家，我們的目光一直是投向星空的，賦予了超越國家衝突的全球視野。

國際合作成本最高的兩項活動，依次是發動戰爭和國際太空站的建設與營運，排在第三位和第四位的分別是奧運會和世界盃足球賽。這四項活動中有三項是讓人們參與競賽，其中一項則是會造成人命損失。至於國際太空站，派遣太空人前往的國家包括比利時、巴西、丹麥、英國、哈薩克、馬來西亞、荷蘭、南非、南韓、西班牙、瑞典和阿拉伯聯合大公國，其中當然也包括美國、俄羅斯、日本、加拿大、義大利、法國和德國。這比在世界盃或奧運會上飄揚的旗幟要少，但是對二十世紀地緣政治的簡要回顧，仍然銘刻在今日人們的記憶中，提醒我們有多少同樣的國家曾在全面開戰中相互交戰，造成數以百萬計的士兵和平民死亡。

在一九七〇年代初期，美國和蘇聯仍然威脅著世界，憑藉著熱核武器的力量持續進行冷戰，這場戰爭還要再過二十年才能結束。同時，在一九七二年，理查・尼克森（Richard Nixon）總統和蘇聯總理亞歷克賽・柯西金（Alexei Kosygin）在莫斯科簽署了啟動阿波羅－聯盟測試計畫的協議。三年後的一九七五年七月，美國和俄國太空人在我們的阿波羅指揮艙和他們的聯盟號太空艙之間的對接操練中，執行了第一次的太空會合。他們彈出艙門時的唯一規則是什麼呢？美國人只能說俄語，而俄羅斯人只能說英語。[7]

就像對可能在太空學基礎中苦苦掙扎的學生所說的那樣：「宇宙在每個人的頭頂之上。」即使在世界陷入緊張局勢的時刻，也可以透過跨國合作來實現和平。

——

我持有的觀點幾乎都是傾向於自由主義的。然而，兩次我受任於白宮委員會時，那時的總統是共和黨的喬治．布希（George W. Bush）。他需要的是我的科學專長，而我的政治傾向似乎對他來說並不那麼重要。我的觀點是我自己的，而且，（信不信由你）我幾乎沒有努力要讓他人同意我的政治觀點。也許是我對政治這方面保持沉默的原因，讓他可以毫無顧慮地與我合作，將我納入團隊。

那一次的任命對我來說是一次政治洗禮，我結識了堅定的保守政策專家和進步的勞工領袖，並與他們結為好友。在這個由十二名委員組成的政治多元和強大的小組中，我們必須維持政治立場上的中立才能成功對話，這表示我必須從較為左派的思想挪動，讓我的觀點更接近那些我原本並不那麼認同的人。我試探性地採取了一些步驟，但結果令人耳目一新。我愈接近保守派人士的世界觀一步，就會讓我愈遠離所熟知的自由派世界觀一步。這種情況一直持續著，直到我有生以來第一次意識到我是發自內心地自己思考，不再被我出生時的意識形態所控制，並且不再是毫無疑問地接受自己的意識形態。我第一次發現，保守派並不是一塊巨石，我也第一次透過這種來自中心、陌生但明亮的觀點看到了自由派的理念。

在那裡，我開始討厭各種標籤。標籤是什麼呢？只不過是你懶得用智慧去判斷一個你素未謀面的人，就為他貼上一個符號並自以為對他瞭如指掌，不是嗎？

隱含在宇宙視野中的科學理性是否能讓每個人都擁有相同的觀點？不，不太可能。雖然是可以讓彼此之間的不同之處不那麼強烈，但那不是因為妥協，而是因為你的情緒會不可避免地與理性分離，也不會那麼帶有偏見地去思考。有時候，你只是需要更多或更好的數據資料。

讓我們來看看美國的四種紅藍政治標籤和科學家們對其的看法。

第一種標籤：

保守派和自由派對家庭的價值觀有不同的看法。保守派重視核心家庭對文明的穩定性，而自由派則生活在更為「待商榷」的道德規範下。

透過研究常見問題，如非婚生子女和離婚率，我們可以看到家庭價值觀的差異。如果你分析各州的嬰兒出生統計數據，就會發現在路易斯安那州、阿拉巴馬州、密西西比州、德州、奧克拉荷馬州、阿肯色州、田納西州、肯塔基州、西維吉尼亞州和南卡羅萊納州出生的所有嬰兒中，有近一半是未婚女性所產下的。[8]但是，這些州在本世紀的每次大選中都投了紅色票（共和黨）。[9]而著名的藍州（民主黨），例如加州、明尼蘇達州、麻州和紐約州的未婚生子女相對應比率只有一半。這可能反映了女性在不需要男性或一九五〇年代模範家庭榜樣的氛圍下得到解放，或者也可能表明墮胎率在不同區域之間存在差異。無論如何，這些數據並不足以證明傳統家庭價值觀的存在。

全國的離婚率是怎樣的呢？離婚率最低的州可能代表著一種穩定的家庭生活文化。當你對所有五十個州（二〇一九年）進行排名時，會發現離婚率最低的前十個州中有六個是民主黨州，四個是共和黨州。好吧，看不出什麼所以然。不過我們再細究一番。離婚率狠狠甩開第三名的最低兩個州是伊利諾州和麻州，它們都是民主黨州。此外，離婚率最高的十個州中有九個是在二〇二〇年大選中投了共和黨的選票。此外，只有兩位美國總統曾經有過離婚紀錄，他們分別是共和黨的隆納・雷根（Ronald Reagan）和唐納・川普（Donald Trump）。川普總統曾經離過兩次婚，他的第三任妻子是梅蘭妮亞（Melania），他的第二任妻子是他在第一段婚姻中的情婦，而他和這三名女性都有孩子。

人們對這些事實的處理方式是什麼？是視而不見，還是讓這些事實化解對哪個政黨具有較高道德標準的情緒化爭論？

讓我們再思考一下這個問題。在二〇一五年，Ashley Madison這個惡名昭彰的婚外情網站遭到資料外洩，這場事件產生了一個意外的統計數據，讓我們更深入地了解人們觀念的不正確之處。該網站是針對已婚人士設計的，讓他們可以與其他想要出軌的已婚人士聯繫。當媒體揭露網站上哪些州的用戶最活躍時，左派的州，像紐約州、紐澤西州、康乃狄克州、麻州、伊利諾州、華盛頓州和加州都在前十五名。[10]因此，事實可能比右派或左派人士願意承認的更微妙和複雜，也可能在失敗的婚姻關係中，離婚是比婚外情更誠實、更好的解決方式。不管是哪種情況，我們都從理性的調查中了解到，無論你的政治傾向如何，都不能因此聲稱自己擁有道德上比較優越的家庭價值觀。

第二種標籤：

自由派相對較信任並且重視科學證據，而保守派則對科學持否認態度。

儘管近年來有些進展，保守派長期以來一直反對氣候變遷這個事實。一開始，他們否認氣候變遷的存在，後來轉變為承認氣候變遷是存在的，但否認它是由人類造成的。有些人最終承認了氣候變遷是由人類造成的，但認為我們無能為力也不應該做出任何改變。例如，德克薩斯州這個依賴石油的州[12]的二〇一八年官方共和黨政綱[11]的原句：

「氣候變遷是一項用來控制我們生活各方面的政治意圖。」

這是一個典型的以政治信仰凌駕客觀事實的例子。到了二〇二〇年，這句話被刪除了，只留下：[13]

「我們支持取消對『氣候正義』倡議的資助。」

我們看到了一些數字，超過百分之九十七的氣候科學家都同意，[14] 我們的工業化文明是由高度可運輸、能量密集的化石燃料所形塑，而這種使用正在加劇地球的溫室效應，導致冰川融化，最終可能會淹沒所有沿海城市。這個結論來自過半數票的同意，並且是經過跨多個學科的重複觀察和實驗所支持的，這是我們宣布世界上新的客觀真理之前所需要的。只有百分之三的研究論文與這個普遍結論持有不同看法，而否定此一事實的人就是只相信這百分之三的論文。

為了幫助理解科學共識，我們可以舉出一個「思考實驗」。這是許多科學家使用已久、經過許多測試的實驗，其中一位這麼做過的著名科學家就是愛因斯坦。這個實驗不需要很多時間或金錢，只需要去思考：假設一座橋快要倒塌，百分之九十七的結構工程師都告訴你：「如果你開著卡車過橋，橋就會倒塌，請改走隧道。」但是其他百分之三的人說：「不要相信他們，橋沒問題！」你會怎麼做呢？或者換一個「思考實驗」：人類發明了一種未經測試的自殺藥丸，百分之九十七的醫學專業人士都說只要服用一劑就會死亡，但是其他百分之三的人說吃這個藥沒事，甚至可能會改善健康狀況。如果你想改善健康，會吃下這個藥物嗎？這種思考實驗，只要修改了問題的時間、空間和背景，就能看出隱藏的偏見，迫使你去面對自己的思想基礎，這有可能是你第一次這麼直觀地面對自己的想法。

右派人士對於氣候變遷的反駁一直在演變，最新的版本是他們已經接受了人類是使地球變暖的罪魁禍首，但與左派人士在如何處理這一問題上的經濟學問題進行了激烈的爭論。他們尤其擔心綠色新政（Green New Deal）[15]等平台會引發金融災難。然而，這場充滿政治色彩的對話終於走到了這一步：討論應該制定哪些政策來回應科學真相。這就是資訊充兄的民主應該運作的方式。

在另一個否認科學的圈子中，有些保守派的基督徒懷疑達爾文的演化論，在他們有著三千五百年歷史的神聖文本中，對於地球上所有動物和其他生命的起源有不同的說法，而這些說法與達爾文的理論相悖。這些基本教義派只是在展示他們受憲法保護的宗教自由表達權，是基督徒中的少數。[16] 我對改變他們的觀點並不感興趣，除非他們試圖推翻該國的科學課程或透過遊說讓自己成為政府科學機構的負責人。在社會上，有各種高薪和低薪的工作，即使你不接受現代生物學的基本原則，也不會妨礙你的工作。

並非所有保守派都反對演化。回想二〇〇五年具有里程碑意義的賓州法庭案件「奇茲米勒訴多佛學區案」，其中聯邦法官約翰・瓊斯三世（John E. Jones III）裁定，在公立學校教授受上帝啟發的「智能設計」是違憲的，而瓊斯法官是由共和黨總統喬治・布希任命的。

除了氣候變遷和現代生物學，美國的保守派人士幾乎很少否認其他科學理論，但自由派卻經常指控他們拒絕科學。那麼自由派呢？實際上，他們也相信一些被視為另類的信仰和做法，例如水晶治療、觸摸治療、羽毛能量、磁療法、順勢療法、占星術、反轉基因和反藥物等。這些想法和運動的共同點是拒絕部分或全部主流科學。在川普政府和二〇二〇年保守派對快速開發的 COVID-19 疫苗的抵抗之前，反疫苗運動（另一個拒絕科學的活動）主要是由自由派社群所帶領的。他們甚至可說是反疫苗運動的開山祖師。例如，二〇〇〇年，世界衛生組織宣布美國的麻疹將被「消除」，[17]因為持續進行中的疫苗接種計畫相當成功。但在二〇一九年，美國卻記錄了近一千三百例麻疹病例，其中爆發數量最多的州包括華盛頓州、奧勒岡州、加州、紐約州和紐澤西州等民主黨州。許多父母拒絕讓他們的孩子接種疫苗。[18]隨著反疫苗活動開始向保守派聚居地擴散，已經從純粹的民主黨支持者擴展到包含一些共和黨支持者，[19]反疫苗的總人口可能占全國人口的四分之一。[20]

在二〇二一年八月的一篇推特文章中——現在回想起來，應該留在我的「禁止貼出的推文」資料夾中才對——我當時秀出了每天死於 COVID-19 的 Delta 變異株的美國公民人數，大約是一千人。我當時注意到，在 COVID-19 住院和死亡的人中，至少有百分之九十八的人沒有接種過疫苗。從各種調查中，我發現投票給共和黨的人之中未接種疫苗的人數是投票給民主黨人的五倍，我計算了一下數字後就發了這篇推文：

目前在美國，每十天就有超過八千名（未接種疫苗的）共和黨選民死於COVID-19，這是民主黨選民人數的五倍。

為此，我還附上了一個以哥德式字體寫成的戲謔書名迷因：

《如何在有現代醫學之下，像中世紀農民般死去？》（How to Die Like a Medieval Peasant in Spite of Modern Science）

在短短數秒鐘之內，這則推文就在推特上引爆了各方論戰，許多保守派的反疫苗者堅持自己的立場，並加倍下定決心絕對不施打疫苗——為了自由之故。有些人則選擇取消關注我的推特，指責我將COVID政治化；有些人質疑數據來源，還有一些人抱怨說我不應該藐視人們的死亡。甚至我對各種社會運動都很覺醒的女兒也打電話跟我說，那篇推文非常刻薄。我沒有預見到會有這些反應，而只是認為人們，尤其是共和黨員會說：「嗯，那很糟糕，因為我們在期中選舉會需要更多選民，而不是失去更多選民，讓我們來接種疫苗吧。」當我發生這樣的失誤時，代表著作為一名教育工作者並未能讓人們理解我推文中想表達的重點。我刪除了這條推文，並將其替換為我與一名醫療專業人員討論疫苗科學的播客連結。[21]

儘管保守派有一些關於疫苗的事實，但大多數自由派的信仰並不會導致文明的終結。雖然有些自由派人士表達了反科學的觀點，但這些觀點對世界造成的傷害永遠不會像保守派否認氣候變化那樣嚴重。因此，今天的自由派可以聲稱他們的活動更環保，但他們不能自滿地稱自己是科學支持者。

近年來，可疑的膳食補充劑促銷已經滲透到激進的右翼廣播節目和播客的贊助商中。像是 Brain Force Plus、Super Male Vitality、Alpha Power、DNA Force Plus 等營養補充品，在艾力克斯・瓊斯（Alex Jones）的 InfoWars 平台上出售。這些產品並未經過美國食品藥物管理局批准，但它們的供應商在那裡找到了受眾。[22] 這些補充劑和其他另類的醫學療法曾經是左翼思想的專屬領域，就像反疫苗運動一樣。然而，現在這個市場變得更加紫色，最激進的紅色和藍色社群現在也達成了一致的意見，那就是避開主流科學。

無論政治家在競選期間或任期內承諾了什麼，衡量政治支持的最基本標準仍是聯邦預算中資金分配的多寡。二戰結束後，科學投資成為優先考慮的項目，因此白宮科技政策辦公室獲得了大量資助。這個辦公室由總統的科學顧問（現在是科學祕書）和其他非軍事研發單位（包括農業和交通）組成。共和黨執政期間的增長略高於民主黨執政期間。[23] 值得注意的是，共和黨的艾森豪在他的兩屆總統任期內獲得的預算收益最高（每年增長百分之四十六），其次是民主黨的甘迺迪與詹森主副執政的白宮（每年增長百分之三十九，一九六〇年代的阿波羅計畫）。在川普任期內，預算每年增加百分之二・四，而預算最低的兩屆政府分別是民主黨的柯林頓（每年增長百分之二・二）和歐巴馬（每年增長百分之一・二）。雖然民主黨的柯林頓和歐巴馬政府預算最低，但他們實際上對科學是最支持的。

第三種標籤：

共和黨員是種族主義者、性別歧視者、反移民者和反同性戀者，民主黨員則擁抱所有民族。

是民主黨人對共和黨人的看法。然而在過去，相反的情況也曾發生。

亞伯拉罕．林肯是第一位共和黨總統，這個政黨誕生部分原因是為了廢除美國奴隸制度。共和黨透過重建，逐漸領導國會運動，資助和支持專為黑人設立的學院和大學，特別是透過一八九〇年的第二個莫里爾法案（the second Morrill Act）。當時私立精英學院拒絕所有有色人種入學，但史密森尼學會[24]（Smithsonian Institution）可能是出於無黨派立場，關於傳統黑人大學歷史的網頁中並沒有提到，共和黨在內戰後的美國有確保這些機會。不過，這樣做的結果是隱藏了一個直截了當而且驚人的事實，那就是一百年來最具種族主義色彩的政黨是民主黨。他們執行吉姆．克勞法案（Jim Crow laws），並對美國南方發生的數千起私刑視而不見。[25] 從民權運動中最醜陋的鏡頭中可以看出，該地區的州長、市長、警察局長、憤怒疾呼的暴民都是民主黨員。

近年來，我們可以看到政治上的標籤已經發生了變化，重新調整了哪些人被認為具有包容性，哪些人不具有包容性，但這並非總是一百八十度的轉變。自一九九〇年以來，共和黨總統任命了前兩位黑人國務卿柯林．鮑爾（Colin Powell）和康朵麗莎・萊斯（Condoleezza Rice），以及史上第二位黑人最高法院大法官克拉倫斯・托馬斯（Clarence Thomas）。然而，民主黨總統柯林頓和歐巴馬並沒有任命任何一位黑人擔任高層級的職務。[26]這表明，政治意識形態比種族身分更重要，政治人物更願意找與自己意識形態相同的人擔任重要職務。除此之外，在具有里程碑意義的二〇一四年賓州懷特伍德訴沃爾夫案（Whitewood v. Wolf）中宣布該州禁止同性婚姻違憲。這個案子由我們的老朋友布希總統任命的法官約翰・瓊斯三世主持。二〇二二年四月，凱坦吉・布朗・傑克森（Ketanji Brown Jackson）法官成為美國最高法院的第一位黑人女性，五十名民主黨參議員中有五十名投票支持她，而五十名共和黨參議員中有四十七名投票反對她。這一切不禁讓我去思考，參與政黨到底代表什麼？讓政黨決定你的思考方向嗎？讓政黨為你決定國家面臨問題時的態度嗎？如果是這樣，那麼你就是當權者的棋子。這種情緒與我最喜歡的吉伯特和蘇利文的喜劇輕歌劇《皮納福號軍艦》中海軍上將〈約瑟夫・波特爵士之歌〉中歌詞產生共鳴：「我總是追隨黨的意志，我從未自己思考過。」

但是在代議制共和國裡，當權者才應該是你的棋子，我們應該是一個民有、民治、民享的政府。

從太空的視角看地球，確實能改變我們看待世界的方式。但若從遠處評估與判斷一個人的結局，往往無法得到好的結果。我們往往用粗獷的筆觸描繪他人觀點，無法捕捉細微差異，容易產生偏執與偏見。就像遠觀草坪是一整塊綠地毯，但近距離觀察卻發現其由許多草葉組成，再靠近一點，草葉又可分解成植物細胞。所以，該用多遠的距離來表達對腳下草坪的看法和觀點呢？

一九八〇年，美國著名天文學家卡爾．沙根主持的電視節目《宇宙》（*Cosmos*）在洛杉磯公共電視台的 KCET 台播出，內容豐富，自然而然地在公共電視台播出。二〇一四年，我有幸擔任續作，《宇宙大探索》*節目的主持人，這次在福斯電視台播出，給了我們自由和資源來創作吸引觀眾的故事和主題。

＊註：《宇宙大探索》（英語：*Cosmos: A Spacetime Odyssey*），是一部二〇一四年推出的美國科學紀錄片，由美國福斯廣播公司及國家地理頻道製作。節目由著名天文物理學家暨本書作者，尼爾．德葛拉司．泰森（Neil deGrasse Tyson）主持。

然而，我最左派的朋友認為所有福斯電視台的節目都是福斯新聞的工具，並認為福斯會向我們規定保守派的主張，迫使我們成為福斯新聞意識形態分裂的代言人。這樣的想法在我偏向自由派的朋友中相當普遍，但政治型態比較中立的人則恭喜我們得到一個收視率遠超公共電視台的科學傳播平台。

為什麼會有這麼大幅不同的反應呢？

那些極左派的人被自己的偏見蒙蔽了雙眼，損害了他們理性看待世界的能力。福斯新聞評論員的政治評論激怒了他們，當然也曾激怒了我。但在他們極左的世界觀中，福斯電視台的一切都與福斯新聞劃上等號，他們從未注意到福斯的整個投資組合是不斷再求新求變的。舉幾個例子，福斯就是二十世紀福斯影業，它於二〇〇九年將《阿凡達》搬上大銀幕，這部科幻大片是有史以來票房最高的電影，而電影內容記錄的是原住民在另一個星系中遇到的困境，說明他們如何利用植物和林地生物的神祕力量來保衛自己的星球，抵禦貪婪的企業殖民者，宛如太空版的《風中奇緣》。

探照燈影業（Searchlight Pictures）是福斯的獨立製作工作室，曾將《貧民百萬富翁》（二〇〇八）、《自由之心》（二〇一三）和榮獲奧斯卡大獎的紀錄片《靈魂樂之夏》（二〇二二）搬上銀幕，這些影片都是對被剝奪權利的弱勢民眾困境的探討。福斯還擁有福斯體育台，因其專業、全面、高科技和多樣化的報導而享譽全球。福斯也擁有有線頻道福斯商業頻道，這個頻道的調性雖然和福斯新聞有些雷同，但相較之下走的是更加溫和的路線。

最重要的是，福斯旗下還有福斯頻道，這個頻道播出了具社會良知的喜劇節目，包括尖酸刻薄的自由派卡通《辛普森家庭》、《蓋酷家庭》，以及有著我個人最喜愛的《活色生香》（*In Living Color*）這部節目。這些節目以及其他更多節目都帶來許多進步的社會評論。比方說，連續播放了六季的音樂喜劇《歡樂合唱團》就透過高中的合唱團讓我們對社會型態有更多認識。在某個場景中，兩名演員演唱了一首節日中最受歡迎的男女對唱歌曲，但這首二重唱其實是由兩個相愛的男性一起演唱的。

你可以看到我因自以為正義的自由派，對《宇宙大探索》這個節目出現在福斯電視上而認為這個節目完蛋了的悲嘆，感到多麼失望。

隱藏的偏見會讓人們只看到與自己意見相同的事物，而忽略所有與自己意見不同的事物，這種現象在相反的情況也同樣存在。在眾多的自我欺騙方式中，最為嚴重的是確認偏誤（confirmation bias）：人們只記住成功的例子，而忘記失敗的例子。這種認知上的偏誤會在我們生活中的一個或多個方面對我們所有人產生影響。而解決這個問題的唯一方法是透過冷靜的理性分析。

第四種標籤：共和黨人是真正的愛國者，自由派是反美的，他們只想要提高稅收並靠政府的社會補助過活。

早在一七八一年，麻州就率先將七月四日獨立紀念日訂為假日，而在一七八一年的六年前，麻州發動了美國獨立戰爭的最初幾場戰役。雖然那是很久以前的事了，但我們仍應該向這個藍中之藍的州致上敬意。[27]

在二戰後的反戰遊行中，自由派和進步派領導了幾乎所有的抗議活動。但是，反戰不等於反美國。自由派通常傾向於禁止對人類或環境有害的事情，這並不一定是為了限制你的自由，而是為了保護你的健康和性命。

在討論稅收問題時，我們應該基於數據來了解實際情況，而不是單憑想像來決定自己的立場。我們可以選擇一年的聯邦人均稅收數據，對五十個州進行排名，這或許與各州的經濟健康狀況有關，但這項數據本身並不足以作出決斷。我們還需要考慮該州收到的聯邦人均總支出，這個數字可以直接反映出一個州在多大程度上依賴政府的計畫來運作，以及政府在多大程度上依賴各州的貢獻來運作。

在進行上述計算時，你會發現，有八個向聯邦政府支出的費用高於人均收入的州是藍州，占前十名的大部分。另一方面，除了五角大廈所在的維吉尼亞州，有六個紅州從聯邦政府[28]獲得的支援超過他們支付的費用。[29]這些結果可能會讓你感到驚訝，因為這與某些政治宣傳不同。值得一提的是，民主黨總統任期內徵收的稅款比共和黨總統任期增加得更多。因此，若你不想支付更多的稅款，則不應該投票給民主黨。雖然反稅收的紅州從增加的稅收中也受益匪淺，但國家的健康和財富仍然高度依賴藍州的經濟實力。其中，紐約州、紐澤西州、康乃狄克州和伊利諾州處於領先地位。

有沒有一個世界上不存在民主黨或共和黨，也沒有左翼或右翼極端分子的情況呢？我們是否能夠創造一個和平的世界，沒有戰爭或流血事件，只有偶爾在沒有客觀真理基礎的話題上產生分歧，但仍然可以和對方和平相處呢？如果有一個喜愛和平的外星人降落在地球上，並請求你帶他見你們的領袖，你會選擇帶他去白宮還是美國國家科學院呢？

現在讓我們來介紹一下「聖地牙哥國際漫畫展」的文化。每年在加州聖地牙哥和紐約市，都會有大量的人聚集在會議中心，慶祝角色扮演、漫畫、動畫、奇幻故事、超級英雄、電腦遊戲和外星人等等，特別是科幻小說的世界。這些人喜歡打造有規則的人工世界並生活在其中，然後理性地思考和探索這些世界。這兩個獨立組織的漫畫展是全球最大的，總共吸引了超過三十萬人參加。[30] 全世界參加類似活動的人數可能達到數百萬。[31] 參加者的外貌和身分都各不相同，包括各種身材、身心障礙、性別模糊、自閉症類型、戴眼鏡和蓬頭垢面的人。許多人從未贏得過人氣競賽，也永遠不會成為返校節國王或女王的競爭者，但他們的在校成績可能比其他孩子都好。我猜測（但無法證明）參加這些漫畫展的人之中，可能有許多曾經在宇宙歷史的某個圈子中遭受過霸凌。

每個人都出於對想像力的共同熱愛而走到一起，這可以說是深植於我們集體DNA中的東西，這句話並沒有批判的意思——

不，那不是真的。當然有批判。

例如，如果你在《星際大戰》中的R2D2裝扮缺少八角形的連接埠，你肯定會受到嚴厲但短暫的懲罰。你裝扮成西娜公主拿的劍和打摺的皮裙是否逼真到可以令人信服？你模仿拖著腳的殭屍有說服力嗎？手持的《星艦迷航記》光炮是否會發出應有的噪音？如果沒有，就會受到質疑。除此之外，並沒有其他批評。

我自己是一位受過認證的宅宅，並且參加過東西岸的許多漫畫展，根據我對這些社群的了解，我可以自信地斷言，與會者在很大程度上都具有高度的科學素養。他們渴望科技的未來能以各種方式讓世界（甚至宇宙）變得更美好。他們能夠區分現實和幻想——在大多數情況下。他們總是知道善與惡的差別，更重要的是，他們活著且讓生命延續。如果漫畫迷能統治世界，那麼最壞的地緣政治爭端，也不過是在聯合國員工餐廳吃完午餐後的假光劍戰鬥。

如果不知道該帶外星人朋友去哪裡，不妨就帶他們去漫畫展吧！我們有理由相信，沒有人能分辨出偽裝的外星人和真正的外星人之間的區別。這樣有什麼好處呢？我們的外星訪客會打電話回家報告說：「他們就和我們一模一樣！」

05 風險與回報

我們每天計算自己與他人的生活

理解概率和統計學，就是要理解風險。這些概念可能不是一般人直覺就能接受的，但事實上，算術、代數、幾何、三角學、公式繪圖、對數、虛數、數論和微積分等理論，在計算平均數之前就已經存在了。[1] 從伊斯蘭黃金時代開始，阿拉伯數學家就開始思考樣本數量和頻率分析，建立了概率論最初的概念。其中一位著名的數學家是一千多年前的伊本·阿德蘭（Ibn Adlan，西元一一八七——一二六八年）。然而，直到十九世紀，學術界才對這個領域有全面性的論述。

十九世紀的德國數學家高斯（Carl Friedrich Gauss）被一些人（包括我自己）認為是有史以來最偉大的數學家。當一八〇一年，第一顆小行星穀神星（Ceres）被發現後不久，在其消失在太陽的強光中之前，我們就開始零星地觀測和追蹤其軌道路徑。當它再度出現在另一邊時，我們如何找到它？高斯決定協助開發出「最小平方法」（least squares）的一種統計方法，這是一種透過數據擬合出一條最適當路線的數學方法，讓你可以預測數據接下來會產生什麼變化。那項工具使高斯能夠預測穀神星會出現在天空的哪個地點。而結果確實如此，時間正確，地點也正確。

到了一八〇九年，高斯已經完全推論出其著名的「鐘形曲線」（Bell Curve），這可能是所有科學中最強大、最有深度的統計工具。鐘形曲線也稱為「常態分布」，幾乎世界上能測量的所有東西，所報告的大部分數值都會落在這一個範圍的中間。在更高或更低的數值下，出現這些值的範例就愈來愈少。這一特徵對於測量本身產生的不確定性尤其明顯，對於可能有實際變化的量也是如此，比方說，特別矮的人並不多，特別高的人也並不多，大多數人的身高都是介於兩者之間。這個概念說起來其實就是這麼簡單，但鐘形曲線的精確數學公式卻複雜得令人掉淚：

是的，它帶有三個小寫的希臘字母，我們來數一下：sigma、π和mu，還有一個花哨的斜體f和指數函數e，這些全都囊括在一個以x為變量的方程式中。繪製時，曲線呈鐘形，不是雪橇鈴，不是牛鈴，而更像是一個自由鐘。

$$f(x) = \frac{1}{\sigma\sqrt{2\pi}}\, e^{-\frac{1}{2}\left(\frac{x-\mu}{\sigma}\right)^2}$$

在這個方程式出現之前，登月的物理學基礎已經被確立，而且工業革命已經如火如荼地進行。進一步的證據顯示，對世界進行統計性的思考不僅不違反自然，而且該領域的進步需要一些有史以來最聰明的人才能達成。此外，還有一件奇怪的事情，許多一流大學都設有獨立於數學系的統計系，然而卻沒有為其他數學分支設立單獨的系所。比方說沒有三角學系也沒有微積分系，由此可證明統計數據有多麼的不同並且需要自己的思考空間。

當發生統計上不太可能發生的事件（隨機事件）時，成年人通常從大量的資訊中提取訊息來解釋它們。他們可能出於合理的演化根源而必須這樣做，再加上普遍而言人們對真相缺乏好奇心。[2] 例如，當你面前有一堆高草正在沙沙作響時，你必須考慮這是獅子造成的還是微風造成的。這時候，你可以考慮飢餓獅子的流程圖來做出判斷。

一、你以為看到了一頭獅子。你很好奇，想確定，所以你走近了，發現確實是一頭獅子，然後獅子會吃掉你，立刻把你從基因庫中移除。

二、你以為看到了一頭獅子。你很好奇，想確定，所以你走近了，卻發現只是一陣微風，你又活了一天。但繼續這種行為的話，最終還是會遇到第一種結果。

三、你以為看到了一頭獅子，也的確是一頭獅子，還沒來得及確認就跑了，你又活了一天。

四、你以為看到了一頭獅子，但那不是獅子，只是一陣微風，還沒來得及確認就跑了，你又活了一天。

注意是誰在這裡得到了獎勵：那些看到這些模式的人，不管這些模式是否真實存在，以及那些沒有好奇心的人。

我們的祖先也曾經高度依賴因果假設來生存。例如，如果你突然吃了一些漿果，然後在接下來的幾個小時裡感到身體不適，原因可能是漿果。這兩個事件的巧合嚴重影響了我們對世界的理解，而那些沒有建立連結的人會不斷生病，並從基因庫裡消失。

儘管沒有獅子潛伏在停放的汽車後面，也沒有毒漿果在街角的雜貨店等著我們，但當這些史前行為移植到現代文明中時，仍然存在於我們身邊，並且會在廣泛的非理性行為中表現出來。

比方說，在遠方與失散多年的朋友偶然相遇時，我們常常會認為這是命中註定的，這時可能會說：「這絕不是巧合！」不然就會用地理上並不合理的說法：「這世界真小！」但是試著接近你在街上看到的每個人並問他們說：「我認識你嗎？」當他們回答「不認識」時，大聲宣告：「這世界真大！」然後你可以花一整天時間做這件事，之後就再也不會說「這個世界真小」了。再舉一個例子，我們當中有多少人會在重要的日子裡穿幸運襪或幸運內衣？這些衣物之所以被視為很幸運，只是因為生活中發生了意想不到的好事時，你碰巧穿著它們而已。

舉例來說，有些廣告商知道他們的產品實際效果並不好，但他們還是會在廣告中加入許多令人信服的證詞，讓看起來與你相似的人宣稱產品非常出色，滿足了他們的需求。這種情況下，我們容易被情感上的熱情所左右，而不是被包含大量數據的長條圖所影響。

這種思考方式通常是無害的，但當賭場和其他賭博中心利用它來獲取經濟利益時，後果會不堪設想。想像一下，如果我們能正常且自然地以數學方式思考人類事物，世界將會多麼不同。這種分析能力幾乎會影響我們每天所做出的每個決定，尤其是在不確定未來的情況下。所有科學數據的分析，特別是在物理科學領域，多年來都需要概率和統計學方面全面的大學和研究課程來支持。最重要的是，由於這些原因，世界對科學家來說看起來會非常不同。

科學家也是人，但廣泛的數學訓練會慢慢地重新連結大腦中這些不合理的部分，讓我們不太容易受到剝削和利用。例如，美國物理學會（APS）是美國物理學家的主要專業組織。在一九八六年，由於飯店日程安排的衝突，他們被迫在最後一刻取消了要在聖地牙哥舉辦的年度春季會議計畫。在只剩下兩、三個月的準備時間下，拉斯維加斯就成為了快速而簡單的替代方案，米高梅大飯店（MGM Grand Marina）成為四千名物理學家的幸運東道主，[3] 這家現已遷到新址的飯店擁有近七千間客房，過去和現在都是美國最大的飯店，並擁有超過三英畝場地的賭場[4]

——他們並沒有隱藏自己的商業模式。猜猜發生了什麼事情。

物理學家進城來了，但卻創下最低的賭博率。

一九八六年拉斯維加斯頭條

備註：隨後拉斯維加斯要求美國物理學會絕對不要再重返該城市。

那個因緣際會的一星期，米高梅飯店的收入比以往任何一週都要少，這是從來沒有發生過的事情。難道是物理學家對概率的了解如此之深，以至於他們在撲克、輪盤、擲骰子和吃角子老虎機中提高了勝算，所以沒輸錢嗎？不是的，他們根本不玩。

物理學家因為深諳數學的道理，所以從不賭博。

與其他基於地球的概率和統計應用相比，賭場專門且危害性地針對了我們的弱點。只是因為你最喜歡的數字（例如二十七）在輪盤上一段時間沒有出現，並不代表二十七「該來了」。每次輪盤旋轉時其實都沒有任何先前的記憶，因此每次旋轉都只是讓你獲得相同的賠率。然而每個輪盤賭桌上都會列出前十幾次旋轉的結果，這只是為了擾亂我們對概率運作的認知。我們靈長類動物的大腦根本無法處理這個事實。

還有幾個例子。一個骰子的對面總和為七，不是六加一、五加二，就是四加三。七也是最有可能擲出的一對骰子，所以我們常說幸運七，但是要滾到一個七的機率仍然不高。平均而言，投擲六次裡面有五次不會讓你得到七。那十一呢？這是十八分之一的機率。這些都是在你心甘情願或不知情的情況下，允許賭場拿走你的錢之前該知道的事情。

如果你碰巧獲得了罕見的連勝，斷斷續續的獲勝正是讓你賭上癮的原因，賭場會注意到並派一個漂亮的服務員在房間裡為你提供酒精飲料，正是你在那一刻所需要的，一種進一步扭曲思考能力的手段。

這些都不會減損只是偶爾喜歡賭博的人的興致。在拉斯維加斯時，我喜歡在輪盤賭桌上投注二、三、五、七、十一、十三、十七、十九、二十三、二十九和三十一的各種組合，這是輪盤上所能提供的全部質數。從統計學上來說，它們與你可能選擇的任何其他十一個數字一樣好（或壞）。如果我要把錢交給賭場，我會一邊賭一邊做些數學。我通常會花三百美元，然後玩幾個小時。從賭場回來後，當人們問我輸了多少錢時，我會回答說我獲得了價值三百美元的娛樂，那大約是我在家鄉享用一頓晚餐、葡萄酒和歌劇的費用。奇怪的是，當你從劇院回來時，沒人會問你輸了多少錢？

在美國，有組織的賭博無所不在，二〇二一年，賭場收入達到四百五十億美元的歷史新高，[5] 幾乎是美國太空總署探索宇宙的年度預算的兩倍。五十個州中有四十五個州提供某種彩券，[6] 包括強力球（Powerball），民眾每年花費近一千億美元希望贏得大獎，或至少贏得比他們花在彩券上更多的錢。正如你所料，頭獎金額愈大，售出的彩券就愈多。購買更多的彩券確實會增加你中獎的機會，但頭獎通常在中獎者之間共享，因此從統計學上來說，你的中獎金額會隨著購票人數的增加而減少。

在最近一場的開獎中，在田納西州贏得強力球大獎的機率為二．九二二億分之一，[7] 許多人接受這些賠率，甚至期待能獲得大獎——儘管你被閃電擊中並因此死亡的可能性都還比這高出三百倍。是的，這代表你的墓碑上更有可能寫著「被閃電擊中身亡」而不是「贏得了田納西強力球彩券」。即使已經禁止賭場的州，也會在由自己的立法機構經營時批准賭博活動。

當我們在田納西州時，想像一個叫克萊爾（Claire）的人贏得了他們的頭獎。她說自己擅長預測未來事件，儘管她的姓氏是「偉爾特」（Voyant）*。這裡有一個你不太可能看到的標題：

> 克萊爾・偉爾特，城裡的算命師，再度贏得彩券。

她兩次獲勝的概率是二・九二三億分之一乘以二・九二三億分之一，算出來是

*註：法文 Voyant，有預言家的含義。

八百五十萬億分之一。我只是說說而已。

我聽過玩彩券最好的理由來自一位天體物理學同事的母親，她偶爾會每星期買一張彩券，在這七天等待抽獎的時間裡，她會去瀏覽那些精美的房地產宣傳廣告單，上面總是展示著幾乎沒人買得起的漂亮房子。她幻想著住在自己選擇的房子裡，這些渴望給她帶來了暫時的快樂，物超所值，我有什麼理由阻止她呢？

在支付獲勝者和售票商之後，國家賺取的利潤是主要收入來源。這項收入通常會注入社會補助項目，尤其是幼兒園到高中的教育，也因此讓人陷入道德兩難，很難去禁止這種合法的賭博。這不禁讓我思考，美國公立學校會教授概率和統計學嗎？最近的調查顯示[8]答案是否定的。在少數確實教授這些學科的地方，課程被作為一種新穎的選修課或作為大學先修課程的一部分來教授。相反地，如果概率和統計學成為十二年義務教育的基本課程，教授給每個年級的每個學生，並且透過分配各州的彩券收入來實現這一目標的話，那麼市民本身就會對購買彩券這種行為免疫，而讓販售彩券這個行業自行消失了。

幾年前，當我經過拉斯維加斯的麥卡倫機場時，我做了一件虛榮的事情。我到機場的書店去看看自己最近出版的新書是否正在陳列中，我會自願幫他們的書簽名並增加他們的書本銷售量。

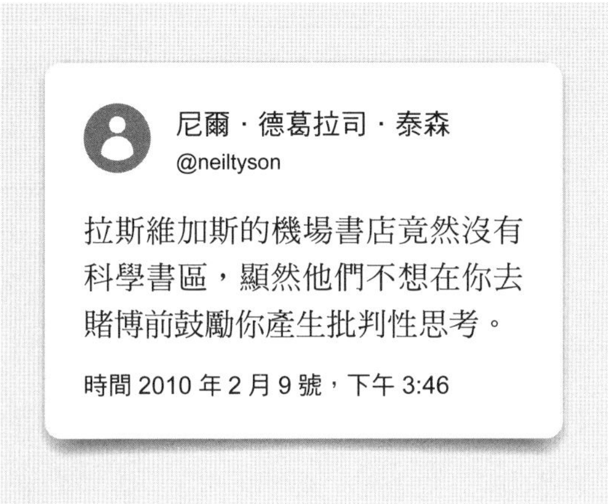
尼爾・德葛拉司・泰森
@neiltyson
拉斯維加斯的機場書店竟然沒有科學書區，顯然他們不想在你去賭博前鼓勵你產生批判性思考。
時間 2010 年 2 月 9 號，下午 3:46

我找不到自己的那本書，但我只看了一眼書架，也有可能是看漏了。另外，機場的書店很小，而且這本書也不是暢銷書，所以沒有陳列我的書也不奇怪，但我還是委婉地詢問了收銀員：「請問你們的科學書區在哪裡？」對方的回答簡單而直接：「對不起，我們沒有科學書區。」在那一刻，我的沉默反應讓我發了人生第一篇推文。[9] 在之後的日子裡我又發了數千則推文，闡述我作為一名教育工作者和科學家隨機的日常想法，透過天體物理學家的鏡頭了解這個世界。

如果來訪的外星人分析這裡發生的事情，他們可能會想知道是什麼樣的物種會故意利用其自身的弱點，將財富有系統地從賭徒身上轉移到賭場老闆身上，這樣的事情不論在拉斯維加斯還是在國會大廈都在不斷上演。

證明地球上的生物沒有具備足夠的智慧。

有些人的行為缺乏理性，是因為他們強烈地想感覺自己與眾不同。與眾不同對人來說是一種良性的力量，讓他們遇上不太可能發生的好事。另外，請想像一個實驗：讓一千人排成一排，每人投擲一個硬幣。普通硬幣的正面與反面機率各為百分之五十，因此大約會有一半的人投擲到反面。然後，請這些反面的人坐下，剩下的五百人再次進行投擲，以此類推，直到只剩下最後一個人。雖然每次實驗的數字可能會有所不同，但平均而言，留下來的人數會從一千人減半到五百人，再到兩百五十人、一百二十五人、六十二人、三十一人、十六人、八人、四人，最後只剩下一人。這個結果是很明顯的。然而，值得更仔細注意的是，投擲五次硬幣後，大約有三十人會連續投出五次正面，因此會淘汰九百七十人。最後剩下來的那個人，投擲了十次正面。這樣的結果在你的現實生活中可能很難出現，但如果重複進行這項實驗，大部分情況下都會出現這樣的人。當這樣的事情發生時，媒體會急忙尋找那位成功的人，而不是其他九百九十九位輸家。那個成功的人可能會被問到：

積極的記者：你早就知道你會成功嗎？

開心的贏家：是的，我感覺到這個房間充滿了能量，當實驗進行到一半時，我感覺到勝利就在眼前。我知道自己一定會贏。

在這段簡短的對話中，我們簡單的大腦將完全隨機的統計結果轉化為神祕的命運。如果你認為這個實驗太不真實或不重要，不妨思考一下股市。在交易日（或交易週或交易月）結束時，你可以預期自己關心的任何市場指數或投資工具只會有兩種實際結果。有可能是道瓊工業平均指數、納斯達克綜合指數、科技股、加密貨幣、市政債券或豬腩，那都不重要。投資最後交易的金額不是低於就是高於前一天的結果，也可能保持不變，但這種情況是相當罕見的。還有一件非常真實的事情：

你會在預期價格會下跌的情況下賣出證券，而購買者則是認為價格會上漲才購買。

無論市場在一天內發生了什麼變化，新聞都會給出原因，即使是很小的日常變化也會用來作為理由解釋。有時他們根本沒有提供任何理由，甚至連想一些讓投資人困惑的解釋都沒有。想一下財經台CNBC在二〇二一年十二月十日發布的這個投資領域的典型頭條：[10]

> 本週五主要指數上漲延續華爾街的強勁漲勢，儘管通膨已經觸及三十九年來的新高。

如果他們說實話，這項頭條應該是這樣報導：

> 市場今天上漲，我們不知道原因，只是感到目瞪口呆。

為了更深入研究這個問題，我們來召集一千名華爾街分析師，實際人數更多，[11]

但本文暫定以一千人為例。這些分析師中，有些人可能比其他人更擅長賺錢，但本文暫時不考慮這點。他們或許擅長預測文化趨勢並掌握各種可能影響投資組合的因素，通常能夠獲得回報。不過，本文先假設投資市場是完全隨機的，即使是千分之一的分析師使用飛鏢來決定投資策略，也能夠在連續十天內準確預測每天的結果。就像硬幣正反面實驗中的情況一樣，僅僅五天前，大約有三十位市場分析師能連續五天正確預測市場結果。在一千人中，只剩下這三十位成功的分析師。如果其中的最後一位接受採訪，他肯定會被認為擁有特殊的市場洞察力，投資者和分析師都會對他的表現印象深刻。但這些成功只是完全隨機的結果。

今年全國最成功的交易員是否能夠在明年及以後繼續保持最佳表現呢？這種情況幾乎不可能發生。在某一個排名交易員的網站上，[12] 當我想要查詢過去的數據時，網站聲稱無法查看專家的歷史排名。所以我做了筆記，五個月後重新查看該網站的排名，發現在二〇二一年七月的前十名交易員中，沒有一個人的排名仍然進入前十名。投資公司知道這個缺點，並在法律文件中用很小的字提醒你：

「過去的投資表現不代表未來的投資表現。」

如果站到最後的人每次都碰巧相同，那麼事情就不尋常了。我們希望且需要這樣的人存在，他們可以證明這個世界是可預知的而不是隨機的。這會是件好事，因為我們無法理解隨機性。華倫．巴菲特（Warren Buffett）的波克夏控股公司在過去的半個世紀裡都有傑出的表現，儘管自一九六五年以來它已經有十一年的年終都處於虧損狀態，其中有兩次還是嚴重虧損。一九七四年，它的價值下降了近百分之五十，而二〇〇八年下降了百分之三十以上，[13] 我們真正想要的是始終如一的贏家，一種不會年復一年加劇市場焦慮的人。這樣的人確實存在，他的名字叫伯納．馬多夫（Bernie Madoff），擁有長達數十年的連勝紀錄，他要嘛真的很厲害，要嘛就是他在耍詐或者曾經很擅長耍詐。馬多夫竊取人們近六百五十億美元的儲蓄，在有史以來最大的龐氏騙局中騙走了毫無戒心的民眾大筆金錢。他於二〇〇九年三月被判有罪，並於二〇二一年四月在服刑期間去世。他原本還有一百五十年的刑期要服。

有人說股市是世界上最大的賭場。我基本上同意，除了沒有人提供免費飲料。

——

即使我們不去拉斯維加斯，日常決策中的概率數據也是如此。例如，人們對基因改造生物的態度往往受其政治傾向的影響，這導致了極端不同的觀點。這種現象警示著我們，科學的本質和功效永遠不應與政治立場有關。左派人士往往會將基因改造生物視為對健康和文明的邪惡、不健康的禍害，科學家和右派人士[14]則往往不擔心這個問題。我並不打算在本書中討論這個話題，但我的確當了一部紀錄片的旁白，[15]這部紀錄片中探討了基因改造生物科學及其造成的文化和政治分歧。在這裡，我想提供一個關於統計學上的軼事來引起你的興趣。

拜耳集團旗下的食品化學公司孟山都（Monsanto）開發了一種基因改造玉米，這種玉米能完全抵抗草甘膦，一種以農達為名稱銷售的除草劑。孟山都公司的科學家從基因上去除了玉米對這種化學物質的敏感性。這種有效的組合讓孟山都的基因改造玉米能使用孟山都的除草劑，使農民能夠噴灑他們的整個作物，讓除草劑殺死除玉米以外的所有東西。佛蒙特州冰淇淋公司班傑利（Ben & Jerry's）使用玉米糖漿作為其部分產品的甜味劑。（是的，知道這件事的我也很驚訝。）他們的一些冰淇淋中糖漿使用的玉米含有微量草甘膦。這項消息引起了媒體極大的關注，班傑利公司的回應是決定停用基因改造玉米糖漿，[16] 儘管草甘膦的十億分之一檢測結果遠低於美國和歐洲的檢測標準。由於許多購買班傑利冰淇淋的人都是左派分子，這與該公司對所有事物的普遍觀點一致，因此該公司認為這項禁令是一個明智的商業決定。

讓我們仔細看看發生了什麼事情。你可能攝入的每一種物質、食物和其他物質，都有一個與之相關的計算致死劑量，稱為半數致死劑量（Median Lethal Dose，簡稱 LD50），這是每公斤體重會造成百分之五十人口死亡的劑量。通常這些數據來自對實驗室哺乳動物（如小鼠）的測試，還有另外一個指標，稱為「未觀察到任何不良反應的最大劑量」（NOAEL），這個指標會觀察物質對健康的長期影響，並且在考慮食品安全時更為明智。半數致死劑量有助於提出不同的觀點，某物質的這項數值愈小，殺傷力就愈大。因此，半數致死劑量的相關表格可以很有啟

蔗糖（食糖）	每公斤三十公克
乙醇（普通酒精）	每公斤七公克
草甘膦（農達）	每公斤五公克
食鹽	每公斤三公克
咖啡因	每公斤〇・二公克
尼古丁	每公斤〇・〇〇六五公克

發性，上頭是一個範本：

這份精心挑選的清單上最致命的物質是尼古丁，咖啡因看起來也很可怕，大約只需喝下八十杯濃縮咖啡就能致命。接下來是鹽。顯然被稱讚為「地球的鹽」並不總是一件好事。《古舟子詠》（*The Rime of the Ancient Mariner*）中的這句名言含蓄地道出了鹽的半數致死劑量。口渴的水手在四周都是鹹水的海中沉思：

「水，到處都是水，但卻沒有一滴能飲。」[17]

正如你所料，名單上最不致命的成分是糖。進一步注意到的是草甘膦的致死性也低於食鹽，但差距不大。實際上，這些都與我們無關，重要的是一個約七十公斤的人吃了班傑利公司的冰淇淋後會發生什麼事？我計算過這個事實，但最後將其歸入我禁發的推特資料夾中。那篇文章仍然存在，而且令人感到不安，但在社群媒體上，我從不打算引發恐慌。

> 你需要消耗四億品脫*（pint）班傑利公司的冰淇淋，裡頭微量的草甘膦才會害死你，但只要食用了二十品脫同樣成分的冰淇淋，就會死於它的含糖量。

班傑利公司為了保護他們的利潤，做出了正確的公司決策，但他們其實也可以利用這個事件教育民眾，關於比較風險這樣令人興奮的課程，但這只有在人們樂於學習的情況下才有效。在現代，我們中的許多人都不滿足於這個標準，也許是因為根據十九世紀英國散文家沃爾特・白芝浩（Walter Bagehot）的說法：[18]

---

*註：一品脫約莫是五百五十毫升。

「對人性最大的痛苦之一是新思想帶來的痛苦。」

他還說了更多：

「就像普通人所說的那樣『令人不安』，新的思想會讓你認為，原來你最喜歡的觀念可能是錯誤的，你最堅定的信念可能是沒有根據的。因此普通人討厭出現新的想法，並且或多或少會討厭最初提出這種新思想的人。」

另一個我們可能經常會忽視的風險層面，是我們通常不願意接受，那些告訴我們習慣或飲食可能會增加罹癌風險的研究。而通常當此類研究被報導時，會提到從事一種或其他種活動時會增加多少罹癌風險。了解罹患特定癌症的基本風險是非常重要的，但我們幾乎從不去關注這些統計數據。例如，讓我們分析一下美國癌症協會某個網頁上[19]關於大腸癌的這句話：「在高溫下烹飪肉類（油炸、炙燒或燒烤）時可能會產生增加罹患癌症風險的化學物質。」句子中出現「可能」這個詞是因為某些研究表明並沒有因此增加風險。總之，我剛好喜歡在高溫下烤肉，但我也不想得癌症。該網頁提供了對多個風險因素的完整討論，但沒有量化我的基礎風險，也沒有說明增加了多少風險。然而我在其他地方獲得的資訊，卻發現到我這輩子罹患大腸癌的風險是百分之四．三，[20] 而且從另一項單獨的統合分析研究文章中，[21] 我發現自己罹患大腸癌的風險於該基線上增加大約百分之十五，不同的研究結果之間的差異也很大。沒有人希望他們罹患大腸癌的機會增加，更不用說增加百分之十五了。這些數字在數學上很清楚，但在對話中卻可能會騙人（尤其是如果你只閱讀新聞頭條的話）。事實上，你這輩子罹患大腸癌的機率並沒有增加百分之十五，增加百分之十五的是你的基礎風險（baseline risk）。如果經常吃高溫烤肉，那麼你的終生風險只會增加百分之〇．六，從百分之四．三增加到百分之四．九，這確實是增加了百分之十五。

如果你是一個愛好燒烤的肉食主義者，你可以選擇接受或拒絕增加癌症風險，只要在報告這些統計數據時誠實和透明，就能讓我們做出以知識為基礎的生活型態選擇。

人類大腦要掌握的另一項挑戰是緩慢的生存威脅，這些威脅很容易遭到否認，通常是因為這些威脅既不明確也不存在於當下。比方說當你大量吸菸時，肯定會意識到自己因肺癌或相關心臟疾病死亡的風險會增加。但這是你的身體，這是你的香菸，這又是一個自由的國家。因此，你接受這樣的風險，即使你的墓碑上有八分之一的可能性會銘刻著「死於吸菸」。

需要說清楚的是，你所投注的結果比所尋求的大多數賭場投注的賠率更高。

在另一個思想實驗的幫助下，能讓我們加快速度。持著與以前相同的風險，只是我們加快了時間線並添加了一些不必要的血腥場面。所有地區當局都將下週二指定為「吸菸者日」，每八名吸菸者中就有一人[22]會在隨機吸進第一口菸時導致他們的頭骨爆炸，成為躺在人行道上的一具無頭血腥屍體。如果你幸運活過那天，就可以在餘生中任意吸菸並死於其他原因。

在那個決定命運的星期二，美國的街道和吸菸室裡將散布著四百萬具無頭屍體，這是美國在包括兩次世界大戰、韓戰、越戰和南北戰爭在內的所有武裝衝突中死亡人數總和的三倍。這確實會是血腥的一天，但社會付出的成本要低得多，因為這種死亡方式不會因為需要試圖挽救癌症末期患者而產生曠日廢時的醫療費用。

如果你喜歡抽菸，會冒這個險嗎？

當你從許多不同的角度探索相同的基本訊息（相同的數據）時，尤其是當你將接受的一種風險與拒絕的另一種風險進行比較時，相關的細節會被放大，而無關的細節則會消失。這些是開明的、具有科學素養的觀點的開端。

——

安全性又如何呢？我們都想長壽和繁衍下去。

如果你住在城市而非郊區，那麼因各種原因提早死亡的總體風險如何？大城市一直是犯罪和兇殺案的溫床，但公司行號都聚集於此。那麼，何不暫時住在城裡，結婚、賺一大筆錢，然後搬到安全的郊區養家。這就是郊區的用途：一種逃避城市生活一切壞事的地方。

這就是一廂情願的選擇性思維的典型例子。

如果這是你的推理，那麼你的幻想已經超越了對衝突數據的搜索。撇開幾乎所有在學校發生的大規模槍擊事件都發生在郊區不談，[23] 如果你將在城市生活可能遇到的生命威脅與在其他地方生活可能遇到的相比，你會發現在城市裡生活更加安全，[24] 只是造成傷害的原因不同，一比較就很清楚。在郊區，交通事故死亡率遠高於城市，總體事故（包括溺水）、自殺和吸毒過量也是如此。平均而言，住在郊區提早死亡的機率比大城市高出百分之二十二。[25]

這種分析只是要求你從假設的事實中退後一步，獲得更廣闊的視野，並以不同的方式調查數據，而在充滿偏見且狹隘的觀點中，這些都是不可能的。

關於大規模槍擊事件，我曾經發布了一條應該歸入我的禁止推文資料夾中，但我誤以為人們會因為知道大規模槍擊事件只是該國所有可預防死亡事件的一小部分而欣慰。大規模槍擊事件甚至只是所有槍支死亡事件的一小部分，推動我們對這些事件的反應主要來自情緒而非數據。我的推文是在二〇一九年德州艾爾帕索（El Paso）槍擊事件[26] 發生後的幾天內發布的，當時有四十六人在沃爾瑪大賣場遭到槍殺，其中二十三人喪生。我立即在社群媒體上受到攻擊，人們認為我對受害者和他們的親人缺乏同理心。

幾年前，但當時是在事件發生很久之後，我針對二〇〇一年九月十一日藉由四架飛機執行的恐怖襲擊造成的美國人死亡人數提出了類似的觀點。那天有近三千人死亡，這些人原本都預計會回家吃晚餐。我注意到每天大約有一百人死於交通事故，這代表到二〇〇一年十月十一日，也就是一個月後，我們失去的人數會比九月十一日的死亡人數還要多。這個統計數據還在逐月累積，並且在我們對此採取措施之前不會減少。每年，我們持續在道路交通上失去超過三萬五千人，但美國軍方在九一一之後的反恐戰爭中花費了兩兆美元，[27] 主要是用於入侵伊拉克。美國很生氣並且不想生活在恐怖的狀態中，但這並不是攸關拯救生命的成本效益計算，而是關於我們感受的成本效益計算。

在另一個事實與感覺的例子中，政府正在考慮怎麼減少在美國東北部迅速增加的遊蕩鹿種，鹿群數量造成無止盡的車禍和傷亡，更不用說天文數字的保險費用了。對抗這種危害的其中一項建議，是重新引入曾經在該區漫遊的大型貓科肉食動物，讓牠們獵捕鹿群。

——

這會發生什麼問題呢？

二〇一六年由九位野生動物科學家撰寫的一項研究，模擬了美洲獅和白尾鹿之間的獵捕關係。[28] 報告中提到，在三十年內，以不受歡迎的鹿為食並充滿活力的捕食者可以避免兩萬一千四百人受傷，減少一百五十五人死亡，並從不會發生的車禍中節省二十一億美元。當然美洲獅偶爾也是會吃人的，尤其是不受控的小孩子。該模型預測其中大約會有三十人因此死亡。所以我們有兩個選擇：引入飢餓的美洲獅，在三十年內吃掉三十人，或者不引入飢餓的美洲獅，讓鹿造成的車禍事故繼續增加，造成數千人受傷、數百人死亡和數十億美元的損失。

如果社會的首要任務是拯救生命，而人際關係的首要任務是重視我們的情緒，那麼我們如何在日常生活中平衡這些因素呢？法律、立法和國家指令皆以此為中心。死於鹿造成的車禍事故人數雖為數眾多，但很難被歸咎成任何人的錯，然而被政府刻意放養在那裡的大貓吃人則成為惡劣的行徑。我們是否能勇於承認自己不是冷酷的數學生物，然後重視自己的感受，知道感受擁有超越理性思維的力量？還是該壓制所有可能混淆理性決定的因素？我們是否可以或應該允許以情緒來回應數據，來影響立法？

隨著自動駕駛汽車和其他相關的未來技術在世界中出現，我們將遇到類似的困境。人為錯誤導致了全球百分之九十七以上的交通事故，[29] 但自動駕駛從不酒駕，它們從不會打瞌睡，也不會一上路就暴怒，它們的反應幾乎是瞬間的。它們可以在晚上看到黑漆漆的障礙物，可以穿越霧氣看清路況，開車時從不發訊息，即使發訊息也沒關係。此外，在只有自動駕駛汽車的道路上，如果有任何一輛車想要變換車道——這是許多小擦撞發生的原因——你的汽車只需要與周圍的汽車分享這些訊息，它們就會禮貌地協助。在這種從人為控制的汽車過渡到自動控制汽車的過程中，難以預見的軟體和硬體錯誤肯定會導致交通傷亡。每個原因可能只會發生一次，因為工程師會立刻更新軟體以防止同樣的情況再次發生，這將系統性地將每年自動駕駛的死亡率降低到趨近於零。

自動駕駛汽車每年最終可能在美國挽救三萬六千人的生命，但如果自動駕駛汽車仍然可能每年殺死一千人的話，你會在情感上、法律上、社會上怎麼做？沒有記者會描述和慶祝那年沒有死於車禍的三萬五千名隨機男性、女性和兒童，即使他們

確實寫出了這樣的文章，死者的親人也不會感到任何安慰。這可能會是《紐約時報》的頭條新聞，例如：[30]

特斯拉表示，自動駕駛會讓IT汽車更安全。

崩潰的受害者說：IT汽車會害死人。

標題所提到的兩個部分都是正確的，但我們缺乏同時接受它們的能力。

幾十年來，美國航空業正是經歷了這一股趨勢。例如，在一九九〇年代超過一千人死於飛機失事。[31] 接下來的十年，不包括二〇〇一年九月十一日的恐怖攻擊的話，死亡人數是原來的一半。從二〇一〇年到二〇一九年的十年間（不包括包機、貨運和私人航班）有八十億位乘客搭乘商用飛機，卻沒有發生過任何一次墜機事故，[32] 不過有兩名乘客是死於其他原因。[33] 美國國家運輸安全委員會研究每個事件，無論是致命的事件或其他事件，通常都會用來提供改進航空旅行安全法規的調查結果。

更令人印象深刻的是，幾十年來航空旅行一直在增長。到了二〇一九年底（COVID-19之前），國內航空公司的客運量比二〇〇〇年增加了百分之三十五。[34] 如果每次起飛和著陸的致命事故率保持不變，隨著客運量的增加，總死亡人數也會每年攀升。由於人們傾向於對純粹的數字而不是對純粹的統計數據做出反應，因此許多人會認為航空業變得愈來愈不安全，即使事實正好相反。

——

在強納森．史威夫特（Jonathan Swift）一七二六年的經典冒險小說《格列佛遊記》中，格列佛的一次遠行將他帶到了一個澳洲南部海岸外的虛構島嶼，那裡居住著一種名為「智馬」，極其理性和聰明的馬。而在周圍的樹林裡，則有一群毛茸茸的、發臭的、非理性的人猿遊蕩著，這些人猿叫「雅虎」。格列佛在與這些馬的談話中意識到，對智馬來說，他在各方面都更像「雅虎」。

記得第一次讀到這個故事時，當時只是書呆子的我，有多麼渴望自己成為理性的智馬。牠們的想法清晰明瞭，做出的決定充滿講道理和理性。當我長大後，我發現情緒是感覺的驅動力。智馬們冷酷無情，但感情是人類的特徵，並不是一項缺點。因此，感情可以而且也許應該影響我們個人的風險與回報方程式，即使這樣做可能會讓我們偶爾對自己是否做出正確的決定感到迷惘。歌手瓊妮・密契爾（Joni Mitchell）曾在一九六七年的一首歌中這麼唱道：[35]

我已經從兩個方面看過生活
從贏的一邊，也從輸的一邊
但我回想起的仍然是生活的假象
我真的一點都不了解生活

我所要求的只是查看準確和真實的數據，從各個方向進行分析，不帶任何偏見和狹隘的眼光，也不帶任何情緒。到頭來，我們必須承受自己決定的後果，在輸入所有事實和統計分析數據之後，我們的情緒有可能還是會反抗那些數據，但那也沒關係。

06 肉食與素食

不見得怎麼吃，就會變成怎麼樣

在西方文化中，肉食者通常沒有特定的哲學或理由選擇肉類食物，他們只是喜歡死掉的動物的味道，並會將肉類製成各種口味的料理，如撒上麵包屑煎、油炸、炙烤、醃製、燒烤、烘烤、真空低溫烹調和煙燻。對於部分人來說，他們只能接受吃肉類食物，無法想像過著沒有肉類的生活。另一方面，素食者，特別是有信仰的人，會有各種理由選擇素食，其中最常見的是為了改善健康和保護環境。另外，有些人認為飼養、殺害、食用有情眾生是可憎的事情，甚至認為應該避免食用可能感受疼痛的生命，就算只是一條蠕蟲被用力戳也會不悅。

儘管大多數人對此事保持沉默，仍有一些激進的素食主義者試圖改變肉食主義者的想法，而一般人可能會將肉食主義者形象化為剽悍的男性。例如，牛肉產業委員會的廣告中，演員詹姆斯．加納（James Garner）穿著牛仔靴，用低沉的嗓音說著：「牛肉，這才是人間美味。」在一些廣告中，他堅決拒絕烤肉串上的蔬菜，抱怨蔬菜總是從烤架上掉下來，而烤肉卻能牢牢留在烤肉架上。下一次，就不烤蔬菜了。詹姆斯．加納於晚年中風，最終死於冠狀動脈心臟病，享年八十六歲。如果詹姆斯．加納的例子還不夠，那麼我們可以看看耶穌。想要反駁耶穌是素食者的各種說法嗎？你不妨閱讀《耶穌吃什麼：吃肉的聖經案例》（*What Would Jesus Really Eat: The Biblical Case for Eating Meat*）這本書，當然這本書的書評是寫在《牛肉》（*Beef*）這本雜誌上。[1]

藍鯨是地球史上最大且仍存活的物種之一，為一種肉食性哺乳動物，主要以磷蝦為食，每天要吃掉好幾噸的磷蝦。現今陸地上最大的動物為草食性哺乳動物，包括大象、河馬、犀牛、長頸鹿、水牛和野牛等。北極熊也在名單上，但是屬於肉食性動物，而灰熊則是機會主義的雜食性動物，想吃什麼就吃什麼，包括人類。

這個世界上有肉食性動物、雜食性動物也有草食性動物，人類也有肉食者和素食者之分。這是因為肉食性動物只吃死的（或活的）動物，而草食性動物只吃活的

（或死的）植物。與此同時，人類的肉食者通常不會只吃肉而已，像是奶製品也會吃，就和素食者一樣。印度的素食者比例約為百分之四十，是世界上素食者人口最多的國家，[2] 這主要是由於印度的宗教傳統，其中包括對牛的尊崇。英國大約有百分之二十是素食者，美國只有百分之五。基於美國植物性肉類替代品的快速增長，以及餐廳菜單上各種素食餐點的選擇愈來愈多，你可能會認為美國的數字應該更高才對，但百分之五這個數字其實在十多年來一直沒有太大的變動，甚至連阿根廷也有百分之十二的素食者，而阿根廷可是熱愛吃牛排聞名的國家。

如果你吃素時也不吃所有的起司、蛋、牛奶和蜂蜜的話，你就是純素主義者（vegan）。在美國，有百分之三的人口是純素主義者，[3] 比幾十年前的不到百分之一有顯著增長，但仍徘徊在低個位數。把這個數字加到素食者的數量上，總共有百分之八的美國人口是不吃肉的。

地球上大多數的人就像灰熊一樣，晚餐有什麼就吃什麼。在過去的五十年裡，世界人口翻了一倍，而肉類消費量卻增加了三倍，[4] 這是因為以前無法獲得這種昂貴蛋白質的國家財富增長了許多。儘管素食者不斷地呼籲大眾吃素，但地球人吃的肉比以往任何時候都多。

最有名的肉食性動物也許是狼了吧！大野狼出現在童話故事《三隻小豬》和《小紅帽》以及俄國童話《彼得與狼》中，當肉食性動物的狼想吃掉小豬或小紅帽或彼得時，或是在現實世界中當狼群擊倒雄偉的駝鹿時，並不是因為牠們很邪惡，那只是牠們的本性而已。牠們殺戮時不會去關心獵物痛不痛苦。魚也是如此，所有的魚都一樣。魚在海裡吃什麼？這個問題的答案包括「其他魚」。除了吃浮游生物的最小的魚之外，沒有一條魚是草食性動物。這就是為何大型馬林魚和箭魚體內會不斷累積大量的汞和其他有毒工業污染物等重金屬元素，因為這些魚位於魚類食物鏈的頂端。

在觀看自然紀錄片時，我肯定並不孤單。當那些手無寸鐵的草食性動物被鋒牙利爪的肉食性動物追趕時，我總是會為前者加油。要成為素食主義者並不容易，當我們看到一隻跳躍的黑斑羚羊飛奔躲過不太靈活的獵豹追逐時，會感到歡欣鼓舞，然而獵豹也是得吃東西的。

儘管地球上的動物之間存在著捕食者與獵物這種自然關係，但人們仍然認為動物是有感覺的，因此作為理性的人類，我們應該具有不要去吃牠們的智慧和能力，尊重牠們和其他生命形式不同的天賦。即使所有被宰殺成食物的動物都過得很幸福，這也不能成為我們吃肉的藉口。

——

無論你吃什麼食物，只要在當地購買，就可以最大限度地減少運輸足跡。這可能比單純地吃素更好，因為素食者也需要考慮植物的收穫地點。然而，這種情況取決於許多因素，包括食物是透過船、火車、卡車還是飛機運輸的，沿途的食物變質情況，卡車的引擎是電動的還是內燃機，以及當地的電力公司如何發電等等。此外，還要考慮當地的耕地狀況等因素。

除了這些問題，美國的肉類生產效率驚人，例如在全美的五十個州中，每年消耗的雞肉達到九十億隻，比世界平均水平高出三倍。每小時可消耗一百萬隻雞，而所有地方的雞在屠宰前可以存活六至十二週。也就是說，美國每天每小時會孵化、飼養、屠殺、配送和吃掉一百萬隻雞。此外，雞肉是市場上最便宜的蛋白質之一，在某些零售店中，每磅只要幾美元。養牛的效率也很高，不過需要的時間還是比較長一些。牛隻大約要一到兩年才能被帶到屠宰場，[5] 且牛隻所需的牧場空間比雞隻大，因為牠們的體型較大。根據地形的不同，一頭草食牛需要許多英畝的土地才能放牧。[6] 如果不想放牧，還有另一種方式是將牛隻飼養在飼養場中，但這樣牠們會製造大量的糞便和尿液。美國最大的一家飼養場將十五萬頭牛關在八百英畝的土地上。[7] 屠宰時，一頭一千兩百磅的牛將提供近五百磅的肉。[8]

牛是完全馴化的動物，沒有野生乳牛會在鄉間遊蕩，山上也不可能會有成群的野牛或和牛潛伏。現代牛是人類透過對現已滅絕的歐亞野牛進行選擇性繁殖，以基因製造出來的。目標是什麼？就是精心設計出一種將草變成牛排或牛奶的生物機器。

我在推特上說過類似的話，有些人看了氣得半死，尤其是一位美國音樂家和動物權利維護家莫比（Moby），他在ＩＧ發文中大罵：

「當你的一位英雄傷透了你的心。尼爾・德葛拉司・泰森，你是認真的嗎？對於這些每年被人類屠殺的數千億隻動物所經歷的痛苦遭遇，你竟然可以這樣在推特上輕描淡寫地帶過？對於一個聰明的物理學家來說，你聽起來像是一個無知的反社會者。」

莫比的完整貼文和我更完整的回覆在別處，[9] 這裡的重點是，我的陳述只是對事實的簡單表達，根本沒有提供任何意見，還加上了「生物機器」的形象。有些人認為我的推文是贊成屠殺動物，而有些人則認為我是呼籲每個人都成為素食者。這些回應更加證明了，當我們帶著偏見的濾鏡時，就會影響自己處理中性訊息的態度。莫比已經為他的語氣道歉，但令人難忘的是他的激進主義有多麼強烈。

動物性食品的生產是工業化世界中生產線製造的驕傲。你住在哪裡呢？你的晚餐可能包羅萬象，包括馬、鴕鳥、鴯鶓、袋鼠和狗，以及爬行動物和昆蟲，別忘了還有囓齒動物。在德州，我曾經吃過烤松鼠，裡頭還殘留了鉛彈，得一個一個從我嘴巴裡拿出來，拿出鉛彈後也沒剩多少肉了，不過吃起來就像雞肉。

——

魚不會呻吟或尖叫，當你切開魚身時，牠們也不會流出一大灘的血，或許因此比較少人會去抗議人類不應該吃魚。我們從海洋、湖泊、河流和養魚場捕捉了無數的脊椎動物和無脊椎動物，牠們的經歷肯定非常超現實。當牠們在 3D 的水域中心無旁騖、自在地悠游時，牠們的世界中並不存在飛行的概念。當牠們想從目前的深度上升，就只是用游的方式往上游，水中是牠們的全世界，牠們所知道的唯一存在。然後，突然之間，有條魚被從上面猛拉並拉進了一個平行宇宙，一切都那麼地陌生，天空、雲彩以及太陽的熱度撲面而來。原本水面是牠們海洋宇宙的邊緣、牠們的宇宙視界，牠們以前從未從外面看過水中的世界，只從裡面看過。不久之後，牠們開始無法呼吸，被扔進一堆碎冰之後凍死。那些是幸運的魚，不幸的則被扔回大海，努力說服牠們的魚友，自己的經歷就像是被外星人綁架的魚版故事。

美國和世界各地的肉類生產效率以犧牲動物的幸福和尊嚴為代價，通常不會去考慮牠們的痛苦和遭遇，人類向來以自我為中心，加上《創世記》中這節經文的廣泛影響，這是完全可以理解的態度。[10]

「神說，我們要照著我們的形象，按著我們的樣式造人；使他們統治海裡的魚、空中的鳥、地上的牲畜，和全地，並地上所爬的一切昆蟲。」也有極少數的例外。[11] 在一種稱為素食神學的形式中，會將「統治」一詞重新定義為「管理」，[12] 這段經文幾千年來為人類提供了神聖的全權委託，讓人類可以隨心所欲地對待地球上陸地、海洋和天空的所有動物。然而，自一九七〇年代以來，對待動物的倫理學催生了一個完整的學術哲學次領域，[13] 並已成為激進主義者的宗旨。[14] 就算你一點都不關心環境，光是根據動物倫理學就可以輕易辯駁人類不應該吃肉。

如果以數學來說，該論證中有可分離的變量。假設人類食用的所有動物都被人道地飼養和對待，進一步假設牠們過著充實的生活，並且被毫無痛苦地屠殺，那可能會讓一些人放棄吃素，尤其是想到殺戮和吃動物並不是只有人類會做的事。動物界的整個分支都是純粹的肉食性動物，比方說獅子不喜歡吃羽衣甘藍沙拉，而是喜歡啃食斑馬，蛇不會去覓食漿果，貓頭鷹也不會死盯著你花園裡的花椰菜。

如果我們重視感覺，那麼我們可以根據動物神經系統的複雜程度對動物進行排名，要嘛不吃任何動物，要嘛就是不吃某些動物。軟體動物可以吃嗎？貝類呢？一般的魚可以嗎？或許不要吃哺乳動物，因為我們是哺乳動物，哺乳動物的大腦很大，並且會哺育幼崽。昆蟲呢？聽說是很好的蛋白質來源。你曾在顯微鏡下觀察過昆蟲嗎？低功率的顯微鏡就足夠了，你會發現昆蟲所有身體部位的細節和功能十分驚人。是的，牠們也有大腦，比我們更多的腿，很多昆蟲還會飛，牠們也很清楚怎麼與自己的同類交流。除此之外，大多數時候當你偷看牠們時，牠們都正快速地前往某地或正在做一些看起來很重要的事情。

談到軟體動物，在一九七〇年代，一名馬里蘭州的居民英格麗德·紐柯克（Ingrid Newkirk）曾在某天晚上[15]買了活蝸牛打算來做晚餐，因為她聽說很容易料理。基本的材料需要大蒜和白葡萄酒，這些她家裡就有，這樣一道法式烤蝸牛就完成了。當她開車回家時，放在副駕駛座上、裝著蝸牛的紙袋不小心打開，照到了燈光，蝸牛的視力很差，但牠們能看到光，因此被光線所吸引。[16]過了一會兒，英格麗德往下一看，發現蝸牛已經爬到袋子的邊緣，排成一列，並用天真、悲傷和亮晶晶的眼珠子看著她，頭上就是一對蜿蜒的觸角。就在那一刻，英格麗德停下車，把牠們放回野外，並決定再也不吃蝸牛了。一九八〇年，英格麗德・紐柯克與其他人共同創立了世界上最大的動物福利組織PETA（善待動物組織），所以至少對某些人來說，軟體動物也是不應該吃的。

我已經看過了各式各樣的理由來吃或不吃各種生物，另外還有對網捕鮪魚的強烈抗議，因為偶爾會有呼吸空氣的哺乳動物海豚被魚網捕獲，[17]讓牠無法游回水面呼吸而窒息，這的確是一場悲劇。對我個人而言，我會出於這個原因去尋找線釣的鮪魚來吃。但在對死去的海豚的同情和所有拯救牠們的遊說活動中，我們對死去鮪魚的關注在哪裡呢？完全沒有，因為鮪魚天生就是要被做成壽司或是超市貨架上的罐頭。想像一下，如果一家熟食店開始在午餐時提供海豚沙拉三明治，肯定會造成許多抗議活動。這家熟食店的三明治不管裡頭夾著死掉的雞、火雞、豬、牛、鮭魚或是鮪魚都沒有人會抗議，但如果夾著死掉的海豚就會被抗議。

以任何方式差別對待動物的行為被稱為物種歧視——想想人類的種族主義或性別歧視——但在這種情況下，你對某些動物有偏見，僅僅是因為牠們在生命之樹上與人類的遺傳基因距離較遠，或者因為牠們看起來令人厭惡。有多少動物愛好者會舉著標語遊行，要求拯救水蛭、蚊子、蜱蟲、絛蟲和蝨子或者主要宿主是人類的幾內亞線蟲呢？我們只想趕快看到牠們全部滅絕。幾乎沒有人會用這些寄生蟲的樣貌來製作絨毛玩具，但牠們同樣是上帝在這個美麗的地球上創造出來的生物，只想像其他生物一樣生存，不能責怪牠們的長相不是可愛的哺乳動物，沒有可愛的眼睛和毛茸茸的尾巴。

進一步討論這個論點，人們可以選擇不吃任何動物，過著素食主義的生活，但當你這麼想時，就是針對植物生命的物種歧視。比方說你也許住在豪華的郊區，使用人道陷阱在地下室捕獲了一隻老鼠，然後將老鼠重新釋放到野外。你感覺很好，因為你不想殺害動物，然而你所做的事情只是為貓頭鷹、鷹、蛇、狐狸和其他脊椎動物獵食者添加美味小吃到牠們的餐盤上而已，無意中為這隻倒霉的老鼠帶來了早夭的命運。生活在溫暖和安全的住家中，[18] 牠應該可以活得更久。同時，你的家是由多達五十棵成熟的樹木建造而成，[19] 每棵樹都活了半個世紀，[20] 它們都被砍伐和碾磨以製成房子框架的支柱，支撐著整個房子也成為你行走的硬木地板，這些重達兩百五十噸的木材曾經是能產生大量氧氣的植物生命。[21] 一隻圓滾滾的老鼠重一盎司，而每棵樹每天製造能維持生命的氧氣量高達老鼠的十五倍。

大自然本身更關心什麼？是老鼠還是樹木？當你砍伐一棵樹木時，它不會流血嗎？（什麼是道地的鬆餅糖漿，不就是濃縮三十倍的楓樹血嗎？[22]）當你把一棵樹包裹起來時，它不會窒息嗎？當你不給一棵樹提供水分和養分時，它不會枯萎死亡嗎？

如果看似無腦的植物也有感覺呢？可能一般人很難接受這個概念，因為我們受到大腦沙文主義的偏見所影響，現代電腦科學家在評估由人類編程的機器人是否具有感知能力時也面臨著類似的挑戰。在進行植物意識的研究中從偽科學中篩選出真正的科學，我們現在知道，電化學訊號的通信網絡連接著微生物、矮植物、動物和樹木，在被稱為菌絲體[23]的森林真菌根系中茁壯成長。許多人認為這是一個菌根網路（Wood Wide Web），包含其中的生命形式所表達的行為已被植物學家類比為各種人類的情緒狀態，如痛苦、快樂、恐懼和憤怒。

在電影《阿凡達》（二〇〇九年）中奇幻世界的生態系統部分也是受到了這些發現的啟發，電影中描述了一個充滿相互關聯的植物和動物生命的外星球，這些動植物會分享彼此的感情和想法。小說世界中著名的有靈性的植物包括《綠野仙蹤》中令人毛骨悚然、會說話的蘋果樹；《魔戒》中充滿智慧和會沉思的古老樹人恩特（Ents）；來自X行星、名叫格魯特（Groot）但幾乎不會說話的可愛漂流木，他是出現在《星際異攻隊》漫畫書和電影系列中而出名的。一九八二年的電影《E・T・外星人》中和藹可親的外星人和植物有特別的連結，在電影中有好幾次外星人曾伸出他發光的食指，神奇地治癒了垂死的植物，那或許是他的天賦，但我有可靠的證據[24]可以證明E・T・其實被認為是一種有知覺的植物，而不是動物。

以上這些例子都是來自好萊塢。讓我們來進行一個外星思想實驗，想像一群外星人來拜訪地球，他們只要從星光和礦物中就能獲取所有能量和營養，那麼他們會如何看待地球上的生命呢？他們會看到所有那些可以進行光合作用的同類，並為其分類多樣性而高興，從湖泊和池塘中的微藍藻到美國西北部可以生存數千年的巨大紅杉樹。他們會認為其他生物都是無可救藥的野蠻者，為了自己的生存而殺害各種生物。他們會將人類視為頂級的掠食者，不斷散布暴力，把自己分類為殺害和吃動物的人與殺害和吃植物的人。

即便只是為了詼諧，我們也可以是很野蠻的。從一九五〇年代到一九九〇年代，數以百萬計的孩子在電視上看著腹語表演者莎莉．路易斯（Shari Lewis）與她可愛的襪子玩偶「小羊排」交談長大。一九九三年，小羊排甚至在美國國會就推動優質兒童電視節目作證。[25] 小羊排這個名字乍聽之下很可愛，但你仔細思考一下，這個玩偶是一隻小羊，而它的名字被取為小羊排。小羊排是當你把一隻年幼的羊宰殺後，取下牠的小肋骨，炙烤之後的食物名稱。如果你飼養了一隻寵物豬，你會把牠命名為「豬排」嗎？如果你養了一頭寵物牛，你會把牠命名為「肋眼牛排」嗎？在我們的潛意識中，小羊排不是玩偶，小羊排是晚餐。

儘管這很病態，但造訪地球的光代謝外星人更會因為地球上的素食者屠殺他們的植物兄弟而被激怒。不僅如此，人類素食者對生殖器官，像是花朵、種子、堅果、漿果等特別感興趣，他們會吃掉這些器官，破壞植物的生命週期。

許多以水果為食的哺乳動物也喜歡吃這些食物。牠們經常吞下整個硬殼種子，然後種子會完整地通過其消化道，之後動物遊蕩到新的地方，把種子排出來，嵌入免費的肥料中。植物透過與飢餓的哺乳動物之間的共生關係，被動地散播到整個鄉間。大自然不美嗎？然而，我們人類用臼齒將水果和漿果的種子磨成漿，那些不小心被我們整個吞進去的果實也無助於植物的生命週期，因為我們（通常）不會在開闊的草地上拉屎。

不只如此。野蠻的人類還會進一步尋找最年幼的植物來收穫，否則雜貨店的農產品貨架上為什麼會放著各種嬰兒胡蘿蔔、嬰兒菠菜、嬰兒芝麻葉、嬰兒洋薊、嬰兒南瓜和豆芽等殘殺蔬菜寶寶的蔬菜，族繁不及備載。

人類存在的直接事實之一就是，我們所需的三種能量來源：蛋白質、碳水化合物和脂肪，都來自於殺害和吃掉我們生態系統中的其他生命形式。我們可以從環境中獲取一些必需的礦物質，比如鹽，但不能靠礦物質為生。只有兩種食物超越了「必須殺戮才能生存」的生活方式，那就是牛奶和蜂蜜，這兩種食物結合起來不僅富含蛋白質、碳水化合物和脂肪，也不需要任何生物的死亡來獲得營養。如果你無法透過陽光進行新陳代謝，那麼食用牛奶和蜂蜜或許將是你在地球上生活得最不暴力的方式。

請注意，純素食者的飲食中也排除了牛奶和蜂蜜，因為這些是專為小牛和蜜蜂準備的食物。我想泌乳的乳牛和蜜蜂都不希望人類從牠們身上奪走寶貴的營養，雖然牠們或許能製造得更多。無論如何，純素哲學贊成你殺死植物來獲取營養，但不贊成你從乳牛那裡偷走牛奶和從蜜蜂那裡偷蜂蜜。

——

有鑑於食品創新的步伐，我們可能很快就會製造一整套實驗室培育的肉類菜餚，這些培養出來的蛋白質看起來像肉，嚐起來像肉，因為它們就是肉。但整條生產線不需要飼養和殺死任何動物，這些產品可以注入維生素、礦物質、微量營養素，甚至有廚師特製的口味，連在家調味都不需要。許多正在嘗試這種方式的公司甚至都是上市公司，[26]可以看出市場正在為該行業的興盛做好準備。將牛奶和蜂蜜重新加入這種混合物中，如果素食者跨越鴻溝回歸，我們可能會看到一個既不殺死植物也不殺死動物，得以維持人類生命文明的未來。那麼原本對我們很憤怒、不吃植物也不吃動物的外星人造訪地球時就不會傷害我們。除了人類仍然會互相殘殺這一點之外，他們可能會認為我們是星系中最熱愛自然的物種。

吃植物和吃動物之間還有另一個滑稽的真實區別。成功的電視製片人查克·洛里（Chuck Lorre）以共同創作熱門情境喜劇《宅男行不行》而聞名，他在每集的結尾會張貼他所謂的「虛榮卡」，藉此簡要地對一些主題發表意見。它們在螢幕上只出現一、兩秒鐘時間，但包含的內容在這麼短時間內根本看不完，因此必須在網路上搜尋才看得到。在事先向可能會被他惹怒的人道歉後，洛里的五百三十六號虛榮卡出現以下攻擊言論：[27]

「素食者和純素食者是對『移動性』的偏執狂，他們認為如果一個生命形式不會移動，殺害或吃掉它們就很公平……這種可恨的哲學基於這樣的觀念：移動等於有意識，或者等於某種程度的神聖。」

他繼續擔心他的叔叔默里，他經常在電視機前一動也不動地坐上好幾個小時，就像植物一樣。默里叔叔幾乎一動也不動，所以他可能會被素食者發現並吃掉。請容我提醒一下讀者，洛里是專門寫情境喜劇的，因此這種程度的諷刺應該被視為娛樂。他非常擅長自己的工作，如果你在Google搜索引擎中輸入《宅男行不行》（*The Big Bang Theory*），排行前幾名的都是他的電視節目，必須向下滑動一些才能找到有關宇宙起源的討論。作為一名天體物理學家教育者而言，我仍不確定這是件好事還是壞事。

查克．洛里將動物生命的神聖性簡要地稱為素食法令，不過這個觀念有著深厚的根源，十七世紀的荷蘭博學家克里斯蒂安．惠更斯（Christiaan Huygens）說得更加深入。他將植物和動物歸為一類，並將其與自然界的其他部分進行了神聖的比較：[28]

「我想沒有人會否認，在植物和動物的生產和生長中，相對於無生命的物體，它們擁有更多複雜精緻的機制與奇蹟。這些機制和奇蹟反映了上帝之手和天意的智慧，比在其他地方的表現都更加清楚。」

也許這一切都是神聖的，也許有一天，善待動物組織PETA會遇到另一個競爭對手組織PETP（善待植物組織）。或許人類是宇宙自然秩序中的一個畸變，這讓人不免思考，我們對於灰熊或北極熊有什麼意義？我們是有藝術、哲學、科學和有文明的有情眾生嗎？不，我們只是沒有被圈養的肉，身體的每一部分都是。漫畫家加里．拉爾森（Gary Larson）在一部漫畫中展現了他病態的幽默感，該漫畫描繪了一隻飢餓的北極熊在冰屋頂部咬開一個洞，並興奮地向一隻北極熊同伴描述這頓餐點「外皮很脆，裡面很有嚼勁」。

還要我說得更多嗎？一九九〇年首次發表在科學雜誌《歐姆尼》（*Omni*）上的短篇小說〈他們是由肉製成的〉中，科幻作家泰瑞．比森（Terry Bisson）讓你後悔自己是人類。小說中，我們可以聽到兩位外星人之間的對話，其中一個努力向另一個解釋地球人類完全是由肉製成的。他們精闢的對話片段如下：[29]

他們是用肉做的。

肉？

肉，他們是用肉做的。

肉？

毫無疑問是的，我們從地球的不同地方抓了幾個帶到偵察船上，一路為他們進行探測，他們完全是肉做的。

這不可能。那無線電訊號呢？那些傳達給星球的消息。

他們用無線電波說話，但訊號不是來自他們，而是來自機器。

那麼這些機器是誰製造的呢？我們想要聯繫的是這些人。

他們製造了機器，這就是我想告訴你的，肉製造了機器。

太荒謬了，肉怎麼能製造機器？你要我相信肉是有靈性和感覺的。

第一個外星人後來試圖描述人類如何交流：

你知道當你拍打肉時會發出聲音嗎？他們透過拍打對方的肉來進行交談，他們甚至可以透過他們的肉噴射空氣來唱歌。

為了讓我們有更多的視角，我們應該考慮到生命樹中的所有物種都是現代生態系統的參與者，它們生活在陸地、海洋和空氣中。世界上已知最大的生物是一種單層蘑菇，它重達三萬五千噸（幾乎是鐵達尼號重量的三分之二），坐落在奧勒岡州的藍山上，並且潛伏在地底，延伸長達數英里。這種巨大的真菌名叫 *Armillaria ostoyae*，如果你喜歡很難發音和很難記住的屬名和種名，它會是一個好的挑戰。蘑菇有自己的生命王國，在演化史上與動物分支的時間晚於我們共同祖先和綠色植物分支的時間。因此，人類和蘑菇在基因上比我們或蘑菇與植物界中任何生物更加相似。

——

也許這就是為什麼我們通常會說蘑菇嘗起來很像肉，而不是像羽衣甘藍。在古代，我們可能正在啃食自己。

07 性別與身分

比起相異，我們其實有著更多相似之處

現代文明的分界似乎是無窮無盡的，人們習慣按照各種標準來區分自己，如髮色、膚色、飲食、穿著、宗教、性傾向、語言、生活的地域等。在宇宙中，天體物理學家對此機制並不陌生，他們用各種特性來描述物質和能量，包括大小、溫度、密度、位置、速度和旋轉等。在某些情況下，大自然可以清晰地劃分成我們可以明確定義的類別，例如某種物質是固體、液體還是氣體等。你在生活中可能從來沒有對這些事情感到困惑過。

然而就算是這些劃分也存在著問題。

即使你不住在北美山區時區，也可能聽過在高海拔地區因氣壓較低而需要增加烹飪時間才能把食物煮熟。然而，很少有人告訴你其中的原因。實際上，液體的沸點並不是一個固定不變的常數，而是受到下壓到液體表面的氣壓所影響。當水的氣壓降低時，就會在較低的溫度下沸騰，這就是為什麼你需要拉長烹飪時間才能讓食物煮熟。隨著氣壓不斷降低，沸點也會相應地降低。當氣壓低到會危及生命的程度時，水的結冰點和沸點會出現壓力和溫度上的變化。在這些神奇的條件下，水的固態、液態和氣態都在所謂的水三相點中共存。這種情況在火星表面的大片區域中也能觀察到。因此，問題是：「在水的三相點中，水的狀態是固體、液體還是氣體？」簡單的答案是，三者都同時存在。這個答案雖然奇怪，但完全正確。只要你放棄將周遭的一切劃分為固、液、氣體的想法，這就是一個完全合理的答案。

人類有種很深的執念，總是想將物體、事物和各種想法歸入確切的類別，這是因為我們無法應對模稜兩可的情況。你是支持我們還是反對我們？也許答案是介於兩者之間或者介於兩者之間的任何地方，但我們卻竭盡全力地反抗這種想法。

令人傷透腦筋的物質波粒二象性（wave-particle duality）困擾著許多人。波粒（wavicle）一詞從未流行起來，也許應該流行起來才對。人們哀鴻遍野：「到底是哪一種？應該要是其中之一才對。我一定要搞清楚！」簡單的答案就是物質既為波又為粒子，接受這項理論吧！

另一個令人傷透腦筋的理論是薛丁格的貓[1]（Schrödinger's cat），這隻貓在緊閉的箱子裡到底是死是活？如果打開箱子，你會發現這隻貓不是死的就是活的。然而量子物理學告訴我們，如果不打開箱子，那隻貓就既是死的又是活的。也請你接受這項理論吧，大自然沒有義務接受我們有限的理解能力。箱子裡的貓只是一個開始，當你閱讀本文時，已經發明了量子計算，這新的電路接受了這個現實世界中的統計不確定性和二元模糊性。在古典運算中，所有計算以及數據都會利用「位元」〇或一來表現。是的，只有〇和一，我們的訊息技術的宇宙是二元的。

量子計算使用的單位叫做「量子位元」（qubits），和傳統位元一樣，可以表示〇或一。但是，量子位元還有另一個特殊的狀態：〇和一的連續組合，可以是一點點的〇和很多的一，或者很多的一和一點點的〇，或者是兩者等量，以及介於兩者之間的所有組合。在量子語言中，這被稱為「疊加」。這樣的特性對於量子計算來說並不是缺點，反而是一個迷人的特點，挑戰我們的二元思維。

在宇宙中，有些看似矛盾的事實可以同時存在。但是，在地球上，我們的文化傳統和思維模式通常要求將人和事物進行嚴格的分類，從而導致了對於性別和性偏好的分類。但是，也有些人可能並不遵從傳統的二元性別分類，而是可以同時是男性和女性，或者兩者都不是，或者可以在男性和女性之間自由轉換。就像量子位元一樣，性別也可以是疊加的狀態。這樣的概念可能對某些人來說很難理解，因為我們習慣將人和事物劃分為清晰的類別。

透過對顏色的分析，我們可以更清楚地看待這個問題。為了方便起見，我們使用彩虹七種顏色來舉例，這七種顏色是由可見太陽光譜中分離出來的，分別是紅、橙、黃、綠、藍、靛和紫。你可以透過這個簡單的方法來記住它們的順序，因為這些顏色的首字母縮寫形成了一個人名：Roy G. Biv。雖然我們通常只用這七種顏色，偶爾會省略不配的靛色，只留下六種顏色，就像現代風格化的 NBC 孔雀標誌和傳統的 LGBT 旗幟一樣。這件事很少有人會談論，但天體物理學家非常清楚，實際上從紅色到紫色之間還有許多其他顏色。如果我們有足夠的視覺敏感度和對應的詞彙來描述這些顏色，就可以識別出數千種顏色及其色調，讓它們無縫接軌，沒有任何清晰的界限。事實上，光的顏色是由一個連續的波長序列所形成的，每個顏色也有其對應的能量和頻率。當天體物理學家談論一個物體的顏色時，他們可以非常精確地指出特定波長的光，而不是僅僅使用傳統粗略的顏色分類。這種對顏色的精確描述可以讓我們更好地理解和認識事物。

現今由彩虹旗代表的字母是LGBTQ+，其中包括女同性戀、男同性戀、雙性戀、跨性別、酷兒，以及其他難以歸類性別和性身分的人。其中「同性戀」和「酷兒」曾被視為貶義詞，但社群和相關運動重新定義了這些詞彙，使那些壓迫者無法再用來攻擊他人。目前至少有十七種無法歸類的名稱，[2]每個名稱代表非順性別的異性戀者。所謂「順性別」是指一個人內在身分和性別與其生理性別相對應，且喜歡的對象是異性。二十世紀大部分的電影和電視劇中出現的角色都是順性別異性戀者，那些不符合標準的形象通常不會只是扮演路人甲的角色，而且會在劇中特別被挑出來嘲諷，羞辱和欺負。在一九六一年版的電影《西城故事》中，[3]一個名叫「任何人」（Anybodys）的孩子想成為「噴射幫」男孩的一員。她頂著一頭短髮，臉上髒兮兮的，但她很勇敢，隨時準備戰鬥，而且平常都穿著褲子，典型的男人婆角色，一點都不可愛。不過，他們不讓她加入「噴射幫」，因為……她是個女孩。如果你不是男孩，那你就是女孩。「噴射幫」頭目瑞夫與成員阿萊伯和其他幫派成員簡短討論後拒絕了。

瑞夫：你不行，任何人，算了吧。

任何人：瑞夫，你得讓我加入幫派，我是一個狠角色，我很會打架。

阿萊伯：要不然她要怎麼讓男人碰她？

瑞夫：別這樣，你走吧，小女孩，走吧！

噴射幫：算了吧！

在過去，世界是相當二元的，男女二元論從過去以來就一直存在。即使不是自己，我們都看到周圍那些不符合世俗標準的人。

男女二元論從過去以來就一直是如此，你可能已經猜到《聖經》中有一節關於這個理論的經文：[4]

婦女不可穿戴男子所穿戴的，男子也不可穿婦女的衣服，因為這樣行都是耶和華——你神所憎惡的。

顯然，宇宙的創造者很關心你的穿衣選擇。一四三一年，和《西城故事》中的男人婆具有相近氣質的聖女貞德（Joan of Arc），在一次審判中被定罪，定罪的原因之一是她經常離經叛道、穿著男性的服裝。她最後在火刑柱上被燒死。[5]

我們經常急於想分類他人和劃分彼此，也許是因為你很難想像自己和那個人之間或是自己和不同的人之間能有任何連結。生物學無法解釋這個問題，自然界中假定的二元性別被高估了並且充滿例外，不僅在人類身上，也在其他動物身上。[6]

在一個寒冷的冬天，我坐在紐約地鐵上觀察著身旁的人，這是一群典型的多元化人群，他們正要出發去上班。我們都穿著蓬鬆溫暖的深色大衣，看不出每個人在大衣下的身形，只看得到他們的頭。此外，我們的腿長幾乎決定了每個人的身高差異，所以當我們坐下時，每個人的高度都幾乎相同，這也解釋了汽車座椅前後調節的範圍比上下調節範圍大的原因。接著，我進行了一個性別測試。我試圖從他們的臉上判斷他們的性別，很容易就能分辨出誰是男性，誰是女性。即使我去除那些有明顯男性特徵的人，例如鬍子和禿頭，我還是可以根據社會對男性和女性的典型外貌特徵來進行判斷，這些特徵往往呈現出二元化的趨勢。例如，女性通常會留長髮，並戴著較大的耳環，修整眉毛並使用眼線筆、睫毛膏、唇膏和口紅等彩妝產品，更容易佩戴顯眼的珠寶，如項鍊、特色戒指和手鐲，也更愛搽指甲油。

當然也有些男性會表現出女性特徵，而在權衡所有因素後，我們還是很容易辨認出誰是男性，誰是女性。但是當我們把社會建構的形象去除，例如在地鐵上，想像每個人都沒有任何性別特徵時，就會發現區分性別變得困難了，我們無法從臉型、鼻子、額頭、顴骨、下巴、嘴唇或嘴巴等方面區分性別。研究表明，男性臉部相對於女性有明顯的男性化下巴和眉毛。[7] 但如果一名女性也有這些特徵，她的臉就被認為比較陽剛，反之亦然。實際上，每個人的臉都可能同時包含陰柔和陽剛的特徵，並不需要將它們分為特定性別所獨有。

當時我意識到，我們在追求符合性別表達的路上付出了很多。如果你想看起來更像男人，你可以留鬍子，去健身房增加肌肉，只在男裝部選擇衣服。時裝設計師已經為你考慮好了，只要選擇適合身型的衣服就好。如果你想看起來更像女人，你可以刮掉上唇、眉心、腿等部位的毛髮，因為大家都知道男人可以有很多毛，但女人不行。如果你想讓胸部看起來更挺一些，可以穿上能突顯原本胸部的胸罩，或者透過隆胸手術來達成目的，就像美國每年有超過二十萬名女性這樣做。[8] 只需要從女裝區購買衣服，這些地方肯定知道你應該要怎麼穿才能符合所屬的性別。

如果沒有這些可供我們使用的工具和社會標準，也沒有對性別表現的日常認知，我們彼此之間的樣子會有多麼不同？我們是否都會變得非常中性？有或沒有大衣都一樣？信不信由你，聖誕老人的馴鹿就是這個問題的最佳例證。雄性和雌性的馴鹿與其他鹿種不同，都會長出鹿角，所以乍看之下長得都一樣。但從動物學上來講，所有雄馴鹿的鹿角都會在深秋、早在聖誕節之前脫落。[9] 聖誕老人的馴鹿名字多半是男性化的，只有少數是女性化的，[10] 但所有聖誕老人的馴鹿都有鹿角，所以牠們應該都是雌性的馴鹿才對，這表示魯道夫的性別被錯置了。

即使我們知道某些特徵不能夠單純地進行分類，但我們還是喜歡使用分類來區分不同的訊息。例如，「薩菲爾－辛普森颶風風力等級」將颶風分為五個等級，[11] 而不是三個、九個或二十二個等級。這些等級之間有明確的界限，並以風速的持續程度來衡量。

這些分級有什麼特別的嗎？其實並沒有。一九七三年，結構工程師赫伯特・薩菲爾（Herbert Saffir）和氣象學家羅伯特・辛普森（Robert Simpson）根據風速和建築物受損程度之間的關係，制定了風力等級表。即使換算成公制，它也不是整數。到現在，氣象預報員報導颶風的強度增強或減弱到下一個等級時，都會使用這個表。這種變化通常被視為重大新聞報導。例如，氣象學家會報告：「颶風希爾達已從三級增強到四級」。但我們很少聽到他們說：「颶風希爾達已從弱三級增強到強三級。」實際上，弱三級風和強三級風之間的差異，可能會比強三級風和弱四級風

等級一	時速七十四到九十五英里
等級二	時速九十六到一百一十英里
等級三	時速一百一十一到一百二十九英里
等級四	時速一百三十到一百五十六英里
等級五	時速超過一百五十七英里

之間的差異還大。然而因為我們只將颶風強度分成五個等級，所以這種區別就看不出來了。這雖然沒有什麼負面影響，但進一步說明了人類大腦傾向於將事物進行分類——製造各種大自然原本沒有的分類，而忽略了在兩種事物之間的各種可能性。

要劃分成多少類別才是正確的？這樣的問題對嗎？

在面對宇宙浩瀚且多樣性的事物時，科學家需要不斷去適應、測量和分析，進而理解各種現象。作為一名天體物理學家，我可以輕易地接受六色彩虹旗作為所有人的全光譜標誌，並且認同新版本的旗幟中加入更多顏色，[12] 以代表那些以前未被識別的、不合規範的群體，進而讓旗幟從連續光譜的象徵轉變為各種獨自的群體代表。然而，我們也需要意識到，有一天我們可能會發現或確認根本沒有所謂獨自的群體存在，因為涵蓋所有層面的性別宇宙充滿了各種可能性，就像陽光中所包含的顏色一樣多元。這樣的發現將會大大削弱恐同和恐跨性別者的力量，這些偏執的人認為自己與自己物種的其他成員是分開和不同的。

許多美國人為了維護自己珍視的自由，反對政府強制實施口罩、安全帽、槍枝管制、安全帶等限制人民自由的法律。然而，有些人卻想要限制別人表達自己的性別認同，這實在很奇怪。[13] 我在某個地方讀到，生命和自由是美國的基礎，這個開創性實驗始於一七七六年美國獨立建國。我也讀到追求幸福是值得為之奮鬥的，以及美國是自由之地。然而，除非參與者能夠超越自我，反省思想中的虛偽，並接受理性思考，否則這一切都不可能實現。試想，如果我們能夠共同宣誓這些價值觀，這個世界將會變得多麼自由。

「我絕不會聲稱自己具有某些道德標準或信仰，但卻無法身體力行。」

08 膚色與種族

再說一次，比起相異，我們其實有著更多相似之處

在二十世紀初，科學家們分析恆星的光譜，發現它們之間存在巨大的差異。為了對數以萬計的恆星進行分類，科學家們使用了一系列由A到O的十五個字母來表示光譜類型。後來，有了更多的數據和對量子物理學的理解，這些類別被進一步分為十個數字子類別和另外九個其他類別，用羅馬數字表示，以更好地追蹤恆星的演化狀態。在近幾十年的編目過程中，有些黯淡的恆星被納入數個額外的光譜類型中。此外，科學家還使用了由三十六個符號組成的編碼系統來描述那些極度不尋常或具有古怪特徵的恆星，進一步擴展了光譜類型的範圍。

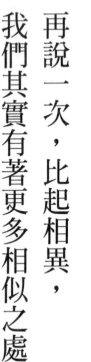

值得一提的是，當時進行光譜分類的工作，負責進行繁瑣且枯燥的測量和簿記，[1]處理所有數據的「碳基」電腦，是由哈佛學院天文台的男性主管聘請的女性助手所完成的。這些女性助手計算流暢且具有科學素養，工作貢獻被用於建立整個恆星演化的子領域，儘管存在性別歧視文化。星系和整個宇宙中的恆星代表了各種屬性之間的可能性，科學家們將這些屬性切割成數百個單位以進行對話和研究。太陽的光譜等級是G2V，北極星的光譜等級是F7I。

回到地球上，很多地方都會將你的膚色貼上黑色、白色或棕色的標籤。當你目擊犯罪案件向警察報案時，警方會希望你從這三種類型中選出一種。這個世界上人類膚色的範圍原本非常廣，但卻被省略到只剩下三種膚色，而且不知為何，每個人都可以接受這樣的分類。也許你會納入美洲原住民和亞洲人，因此再加入紅色和黃色的膚色，但事實上沒有任何一個人的膚色是這些顏色中的其中一種。白人走入雪堆中並不會消失，雖然有些人的膚色真的非常深，但也沒有人的皮膚是純黑的，你肯定也從來沒有遇過膚色像消防車紅或檸檬黃的人，因此我們將人類的膚色這麼粗略地分類只是因為懶惰，並因此助長了種族歧視。我們可以想想巴拉克·歐巴馬

（Barack Obama）總統，他的母親是具有歐洲血統的美國白人，而他在肯亞出生的父親是非裔美國人。歐巴馬出生時的膚色就介於兩者之間，是屬於淺膚色的黑人。在美國，歐巴馬是美國的第一位黑人總統，但如果我們把歐巴馬想像成一位非洲國家的淺膚色領導人的話呢？透過相對的推理方式，那群人也有理由將他視為他們的第一位白人總統。

在天體物理學中，我們將表面的反射率稱為「反照率」，在分析行星表面吸收多少太陽能量與雲頂或閃亮的地貌反射的太陽能量相比時，會經常使用這個名詞。反照率為〇的表面會吸收所有傳入的能量，反照率為一的表面則會將能量完全反射。地球所有地區和所有季節的平均反照率約為〇．三，這表示我們會反射百分之三十的太陽能量並吸收百分之七十的能量，而這會驅動氣候暖化。有些想要解決全球暖化問題的人不是透過減少溫室氣體的排放量，而是透過在平流層高處注入反射粒子來達成目的，[2]這將增加地球的反照率並減少可供地球吸收的陽光量。

如果你真的想記錄人們皮膚的深淺，也可以測量每個人的反照率，我們將獲得為數眾多的數據，證明世界上的人擁有各種可能範圍的反照率。一項針對深居原住民（在其所在地生活了數千年的部落居民）的研究顯示，地球的緯度與膚色的深度高度相關。[3] 愈靠近赤道陽光最強烈的地方，膚色就愈深；離赤道愈遠靠近兩極的地方，膚色就愈白。按照這個標準，如果聖誕老人是北極的原住民，他將是有史以來最白的人，偶爾為了展現種族包容性而描繪出黑人聖誕老人，反倒是不真實的。同樣的道理也適用於白人耶穌的形象，耶穌來自陽光明媚的拿撒勒（北緯三十二度），他的膚色應該要比文藝復興時期的壁畫和好萊塢電影中描繪的膚色深好幾倍。

原住民的膚色分布與當地太陽的紫外線照射量有關，因此不同緯度地區的人種膚色也不同。[4] 黑色素是黑皮膚的活性成分，可以阻擋百分之九十九．九的紫外線。如果皮膚長時間暴露在紫外線下，會損傷皮膚細胞，導致皮膚曬傷和發生皮膚癌。人類皮膚色素是演化的產物之一，是為了適應環境而產生的特徵。不同的基因組可以實現不同的皮膚顏色，[5] 但我們卻習慣將人類的膚色分為少數幾種。

這很奇怪，因為美妝店的美髮產品架上可能會陳列一百多種髮色，每一種都有獨特的名稱，例如肉桂莓、肉桂棒、黃銅、熱可可、肉荳蔻、巴西黃昏、胡椒粒、烤栗子、撒哈拉金和沿海沙丘金等，[6] 而這只是一個品牌中的系列。此外，化妝品的產品架上也會努力推出與你的膚色精確匹配的產品。由於大多數化妝品的目的是能與你天然的膚色相融合，因此化妝品公司不得不考慮各種可能的膚色。專業的化妝師、一位真正的藝術家，會混合一系列基礎顏色來配合你的膚色。借用量子語言來說，就是一種狀態的疊加。彩妝產品通常不用文字標示，而是用數字或代碼標示，這樣會讓產品有更高的精確度和細微的差別，就像恆星的光譜分類一樣。由於我上電視前要先被上一點妝，所以我無意間知道了在ＭＡＣ化妝品系列中，最接近我臉部膚色的遮瑕膏色號是ＮＷ５５。除了彩妝之外，真正的色彩之王是室內裝潢師。想知道用什麼顏色粉刷你的牆壁？油漆製造商班傑明．摩爾（Benjamin Moore）列出了成千上萬種色調可供選擇，[7] 有超過一百七十種白色和五十種黑色，每種顏色都取了一個很有創意的名稱，並附上一個數字代碼。這些證據一再顯示，只要我們願意並努力嘗試，報案時可以使用更多的膚色類型來描述情況。

為什麼要以膚色來進行分類呢？可能是因為在某些情況下，這些分類可以被用來解決問題。比如，如果一個群體對另一個群體進行壓迫，那麼這些分類可以提供關於哪些人正在被壓迫的訊息，以便針對問題解決。但是，同樣的數據也可以被邪惡的掌權者用來放大不平等的狀況，這正是南非實行種族隔離政策時發生的事情。一九五〇年，南非實施了《人口登記法》，將人口分為白人和黑人兩個主要種族，還有幾個子類別的有色人種，包括混血種族和亞洲人。這樣，當權的白人少數群體就能夠制定法律，並按照社會、政治、教育和經濟自由的不同，將人口分成不同的階級。

對外團體（out-group）的仇恨真的只是因為膚色不同嗎？顯然不是。在歐洲的第一次和第二次世界大戰中，大部分都是淺膚色的人之間互相殘殺，總共造成超過八千萬死亡人數。看起來語言、種族、政治和文化價值觀的差異比膚色更能助長衝突，各種不同都有可能造成衝突的發生。愛爾蘭共和國內支持英國的派系與北愛爾蘭反抗軍之間三十年的流血事件，僅僅被稱為「北愛爾蘭問題」，但這些事件基本上就是愛爾蘭天主教徒和愛爾蘭新教徒之間的衝突。從遠處看，無論是種族、地理、國家或是更高層次的問題，說穿了都是白人基督徒找理由屠殺另一群白人基督徒的行為。在那段期間的死亡人數超過三千五百人，這讓我們清楚看到，雖然膚色可以使一個人輕易成為仇恨的目標，但這並不是開啟殺戮的先決條件。

二〇二〇年五月二十五日，明尼亞波利斯市的警察因執法過當殺害了喬治・佛洛伊德（George Floyd），之後美國和其他各地開始盛行一項運動，強烈呼籲要清除所有具有種族主義歷史的公眾人物雕像。二〇二〇年，一百多座紀念碑遭到拆除，其中大部分是美國南北戰爭中南方邦聯的指揮官，他們的雕像大多穿著成套的制服，許多人騎在馬背上。像這樣的雕像，尤其是那些默默佇立在維吉尼亞州里奇蒙市的紀念碑大道上的雕像，都讓我想起了奴隸制度。南北戰爭過後已經經過了很長一段時間，我甚至獲得了維吉尼亞州里奇蒙大學的榮譽博士學位。在我的一生中，我取得了這些南方邦聯領導人肯定無法想像的成就，並在美國南部的搖籃和羅伯特・李將軍（General Robert E. Lee）的出生地獲此殊榮。

是的，這就是進步，但這些雕像讓我想起了這個國家最黑暗的時代。這些想法並沒有讓我感到乏力，但確實代表了我支付的一種社會情感稅。也許這些人在他們的社群中都是善良和高尚的成員，也許是虔誠的基督徒，每個星期天都上教堂，也許他們曾把貓從樹上救下來，這些可能都是真的，但這些雕像都不是為了紀念這些事蹟而被鑄造的，這些士兵是因為要守護南方的生活方式不受北方侵略者的改變而受到紀念，但是南方的生活方式是與四百萬被奴役的非洲人——占南方人口的三分之一[8]的命運在經濟和文化上息息相關。維持階級制度需要一個讓某個種族感到自卑的地方性信仰體系，並搭配阻礙黑人受教育的法律。當你想要感覺優越時，一個關鍵的步驟是：不能讓比你教育程度更高的愚蠢、低劣的黑人四處走動。

下面的幾句話說明了一切。這是一八三六年南卡羅萊納州代表詹姆斯·亨利·哈蒙德（James Henry Hammond）在向國會發表長達兩個小時的演講時，為捍衛奴隸制度而說的。對他而言奴隸制是：[9]

「仁慈的上帝賜予我們這個光榮地區中最偉大的祝福，因為如果沒有奴隸制度，我們肥沃的土壤和多產的氣候將無可用之處。事實上，在我們擁有奴隸制度的短暫歷史中，南方因此變得富有、天才輩出和成為禮儀之邦。」

對於這些事情的認知使我無法將南方邦聯的軍事雕像，和田園風光、古樸的農業聯想在一起，他們也不會對一個崇高的敗局產生同情。沒有非洲奴隸買賣，就沒有浪漫的農場來滿足南方對自己的玫瑰色記憶。

在這場拆除或重新安置雕像的運動中，美國自然史博物館[10]成功拆除了原本佇立在正門前，由雕刻家詹姆斯・厄爾・弗雷澤（James Earle Fraser）完成的老羅斯福（Theodore Roosevelt）總統的巨大雕像。羅斯福先後擔任紐約市警察局長、紐約州州長、美國副總統，最後還當上了總統，任職期間從一九〇一年到一九〇九年。原本博物館的老羅斯福總統雕像是僅次於自由女神像之後，整個紐約市最大的雕像。他騎著一匹雄偉的駿馬，一隻前蹄抬起，馬上英姿代表他曾在軍中服役。雖然他是美國陸軍上校，但他穿的不是軍服也不是總統的西裝背心，而是穿著捲起袖子的休閒服。那麼為什麼會有爭議呢？莫非是他說過的這段話引起的？以下這段話是他於一九〇五年在紐約共和黨俱樂部發表的一段名言，主題是那些不幸生來就是黑皮膚的人：[11]

「問題是要調整兩個不同種族之間的關係，使其權利既不受到剝奪也不受到損害。訓練落後的種族，使其可以擁有真正的自由，而先進的種族則能夠安然地保持其祖先創造的高度文明。」

請記住，當時的共和黨人對社會和世界持有相對進步的看法。在這裡，老羅斯福並不想重新奴役黑人，而是覺得儘管黑人道德落後和智力低下，但也希望他們能參與美國夢。

老羅斯福是個學識淵博的人，雖然他自己也可能培養出這樣的想法，但這些想法其實是根深蒂固地融入在優生學的普遍學術研究中，優生學的宗旨就是透過培育具有優良特徵的人和壓制低等特徵的人來優化人類這一種族。那要怎麼做呢？阻止基因不良的人生育孩子，或者在優生學家診斷為「弱智」的情況下，對他們進行絕育以防止他們生出下一代。這一社會生物學分支的主要倡導者是哈佛大學，甚至是美國自然史博物館等著名機構的學者，大大影響了美國的政治、法律、移民法規和社會秩序長達數十年，[12] 這場運動甚至助長了納粹德國的社會政策。既然老羅斯福是他那個時代的人，我就不那麼苛責他了，但我要將大部分（如果不是全部）責任歸咎於來自另一個年代、另一個領域的科學家。

總之，老羅斯福關於種族的言論並不是為他建立雕像的主要原因，而他除了擔任政府要職之外，還撰寫了大量關於政治、保育、探索和野生動物價值的文章。在他擔任總統期間，他規劃出了二．三億英畝的公共土地，創建了美國林務局，這些貢獻是他成為美國自然史博物館的守護神的原因。美國自然史博物館正門有一個巨大的圓形大廳，兩旁是他激勵人心的名言，這些言論中沒有一個是在頌揚白人的優越感。

該雕像還紀念了另外兩個人，一位非洲黑人和一位美洲原住民，他們穿著原住民的服裝堅毅挺拔地站在羅斯福和他的馬匹兩側。以現代人的眼光和情感來看，這種雕像的擺設方式令人厭惡。今天沒有人會想展示一名騎在馬上的白人，兩側站著受到壓迫和被剝奪權利者的雕像。他們當時是在想什麼呢？

不需要懷疑，我們很清楚知道雕塑家當時的思想和社會現況。這座雕像是在一九二五年受委託製作的，並於一九四〇年完成，因此請考慮以下幾個事實：

非洲黑人和美洲原住民的姿勢和表情都展現出他們的自豪和傑出，肌肉結實，散發出近似王者的氣息。

非洲黑人和美洲原住民都望向遠方，與羅斯福的眼神是同一個方向。

在當時，從一九二〇年代到一九四〇年代，幾乎所有黑人和印第安人的形象都是令人尷尬的漫畫形象，出現在書籍、電影、漫畫和卡通中，目的是讓白人感到好笑與優越。

在當時，除了在專屬俱樂部和餐館外的黃銅製小黑人騎師雕像，以及在營業時間滾到香菸店前面的印第安人木頭雕像以外，各地都幾乎沒有豎立黑人或美洲原住民的雕像。

你有見過任何一個美國總統雕像旁邊有其他人的嗎？

這樣的情況很少見，我想到三個：

一、一九九七年在華盛頓特區

的富蘭克林・德拉諾・羅斯福紀念館，雕塑家尼爾・埃斯特恩（Neil Estern）在雕塑作品中描繪了小羅斯福總統和他的狗，一隻名叫法拉的蘇格蘭㹴犬。如果狗不算的話，那麼還有以下作品。

二、小羅斯福總統再次出現在一九九五年由勞倫斯・霍洛夫森（Lawrence Holofcener）創作的名為《同盟》（*Allies*）的雕塑作品中，他旁邊坐著邱吉爾，地點在倫敦龐德街的長凳上，[13] 儘管邱吉爾並不是隨便的一個人物。最後是以下作品。

三、一八七六年，湯馬斯・鮑爾（Thomas Ball）在華盛頓特區林肯公園創作的雕塑作品，作品標題為《解放》（*Emancipation*），作品中，亞伯拉罕・林肯的左手像耶穌一般伸出，放在一個跪著、戴著鐐銬的非洲黑奴頭頂上。在美國內戰之後豎立起這樣的雕像似乎是正確的，但從現代人的眼光來看，卻有種尷尬的、自認為高人一等的感覺。[14]

在一九四〇年，如果你認為黑人和印第安人比你低等，如果老羅斯福總統是你心目中的英雄，那麼你肯定會認為這個雕塑作品中兩旁站立的人物是一種不可原諒的詆毀行為。雕塑家怎麼敢用這些低等人類來玷污老羅斯福的名聲。老羅斯福身後新博物館大樓的建築師約翰．羅素．波普（John Russell Pope）將雕塑作品中的三個人描述為「英雄群體」。雕塑家詹姆斯．厄爾．弗雷澤本人是怎麼說的呢？[15]

「老羅斯福身邊的兩個人物象徵非洲和美洲大陸的嚮導，也能代表老羅斯福對所有種族的友好。」

作為一名科學家和教育家，我關心的不只是意見，更關心一個人能以合理和理性的方式去思考，並為這些意見提供訊息的所有相關資料的能力。還要記住一件事，我們的觀點是在不斷變化的社會和文化習俗中形成的。透過建立對於這個雕像的完整視角，我很高興看到它被移除，因為在今日這樣的一座雕像只展現了過去錯誤的觀點與認知。這座雕像將被移置到北達科他州的梅多拉，也是老羅斯福的新總統圖書館所在地。[16] 我的看法是對過去的寬容表示欣慰，但同時對未來感到憂心，不知道今天最先進的創作對百年後愈來愈開明的後代而言會有什麼看法。

為什麼會有人想要比別人優越？當然當我們在幫助別人時，有可能擺出高高在上的姿態，但我本身不是一名心理學家，不具備專業見解，只是分享自己本身的觀察。顯然當某些人認為別人某些部分不如自己時，會自我感覺良好。這些部分可能包括財富、智慧、才能、外表或教育，加上力量、速度、優雅、敏捷和耐力，以上可以說是人們不斷將自己與他人進行比較的大多方式，無論是在非正式的場合還是在有組織的環境中。奧運會存在的目的就是想在人們之中尋找跑得更快、跳得更高和更強壯的人。制式化的考試、遊戲節目、選美比賽、才藝選拔賽和富比士的富豪排行，都是按照排名順序讓人類彼此競爭的方式。我們的社會提供了數百種、甚至數千種方式來證明你比別人更好。

當你的優越感不適用於單一對象，比方說在棋賽中擊敗的某位對手，而是適用於一群人時，會發生什麼事情呢？這群人大多數是你從未見過也永遠不會遇見的人。你感到優越是因為有人告訴你有這種感覺是可以的，比方說是父母或者是一些政治或社會上的權威人士，這種文化上的偏見可能會代代相傳，或者民族主義妄想會凌駕於理性主義思想。你也可能會被上帝的代言人說服，認為自己的宗教比其他人的宗教都好。但如果是一個真正的科學家告訴你，你很優秀，會發生什麼事呢？你會欣然接受？或是會去探索造成偏見的可能來源？

如前所述，在科學探究的分支中，最容易受到人類偏見影響的是研究和判斷其他人類的外貌、行為和習慣的領域。位於榜首的是心理學、社會學，尤其是人類學。如果要建立和維護其完整性，這些領域就必須進行額外的同儕評審和披露，其明確的目的就是為了發現偏見。

因為人類不是數學和物理學的研究主題，所以這些領域往往不會談論，但這並不代表研究人員之中就沒有種族主義者、性別歧視者，也不表示這些領域沒有偏見，只是代表宇宙的發現和教科書上的內容不太容易受到優越感的影響罷了。[17]

在我的數學和物理學訓練中，我從代數拓撲學（algebraic topology）中找到最接近排他性概念的東西，即「毛球」定理。[18] 這個定理是由法國數學家和理論物理學家亨利・龐加萊（Henri Poincaré）於一八八五年證明的。它已經有許多口語化的改寫，例如「你不能在保齡球上梳理毛髮」。更精確地說，這個定理指出，對於一個球體，無論你如何梳理它，至少有一個地方是毛髮不知道該往哪邊傾倒的地方。球上總會至少有一個毛髮豎起來的地方。

雖然這個定理是正確的，但提到梳理毛髮的比喻則是有些偏見的。事實上，每天我都需要梳理自己的頭髮，而我使用的是一個非裔扁梳（Afro pick），它可以把我的頭髮從頭皮往上拉。如果我的頭只是一個球體，而沒有臉或脖子的話，我就可以輕鬆地梳理頭髮，不用擔心有一根捲髮翹起來，反正全都是捲的。如果龐加萊和其他人都曾有過爆炸頭，毫無疑問他仍然會證明這個定理，但可能就不會拿梳頭髮來做比喻了。

舉另一個例子，我的妻子擁有數學物理學博士學位，她注意到許多宇宙學家堅信我們生活的環境是一個穩態宇宙，但許多先進的望遠鏡觀測數據都清楚地表明並非如此。當時我們了解到，這個從大爆炸中誕生的宇宙正在不斷膨脹，且有朝一日可能會重新坍塌，並且無止盡地循環。她認為那些堅持穩態宇宙論的大多數宇宙學家可能都沒有經歷過生理週期，所以很難思考和接受宇宙也是有週期的，但世界上的一半人口在成年後的大部分時間，其實都活在生理週期中。

在我一九七〇年代後期的一門大學電磁學課程中，學習有關電路中電荷（Q）、電壓（V）和電容（C）的公式時，來自越南的研究生助教提供我們一個記住方程式的簡單技巧：Q＝V・C。「我們的消息來源（Quarry）是越共（VietCong）」，可悲的是，從那以後我一直記得這件事。

讓我們更進一步來說，電阻器是一種常見的電路元件，其電阻值以「歐姆」為單位進行彩虹編碼。（為什麼他們從來沒有在電阻器上印上數值電阻，我直到今天都搞不懂。）它們的顏色條紋是這麼排列的：黑－棕－紅－橙－黃－綠－藍－紫－灰－白。這些顏色的不同組合表示不同的電阻值，沒有什麼比這更適合被記憶的了。維基百科在一個關於這個主題的單獨條目中就列出了幾十個。[19] 例如，「美麗的大玫瑰占據了你的花園，但紫羅蘭變得狂野（Big Beautiful Roses Occupy Your Garden But Violets Grow Wild.）」很容易記且讓人聯想到美麗的圖像。但這不是我第一次聽到的記憶技巧。在我的電子物理實驗室，我是這麼被教導的：「黑人男孩強姦我們的年輕女孩，但薇樂自願獻身。（Black Boys Rape Our Young Girls But Violet Gives Willingly.）」當老師說了這段話並意識到我是教室裡唯一的黑人學生時，他難為情地聳聳肩，迅速將記憶技巧的內容改成以「壞男孩」（Bad boy）開頭。將原本充滿種族主義和厭女的記憶句子變成了單純的厭女。值得慶幸的是，這些都不會影響電子在其電路中的作用。

——

可以說，十九世紀人類學家的著作反映了科學史上最具有種族主義的時代，並蔓延到了二十世紀。許多研究人員用盡畢生精力研究「人類種族」這個議題，我最喜歡的例子來自於一八七〇年的研究《遺傳的天才：對其規律與後果的調查》（*Hereditary Genius: An Inquiry into Its Laws and Consequences*），該研究由優生學運動的創始人、英國博學家法蘭西斯・高爾頓（Francis Galton）和其他實驗研究分支人員共同創作。在標題為〈不同種族的比較價值〉章節中，他指出：[20]

「在黑人中應該稱之為傻瓜的人數眾多，在每本略為提及美國黑人傭人的書都充滿了實例。我在非洲旅行期間對此一事實印象深刻，黑人在他們自己的事情上所犯的錯誤是如此幼稚、愚蠢和低智商，經常讓我為自己同樣身為人類感到羞恥。」

高爾頓於一九〇九年被愛德華七世封為爵士。

但其實這些活動開始得更早，只需透過以膚色、頭髮質地和臉部特徵等方式區分所有人。然而，這樣的行為只是對個人的外表做出的歸類，並非代表個人的真實價值和能力。有了這樣的先例，許多人便積極地進行種族排名，例如在新美國生活的一百萬非裔美國人中，有百分之九十都是奴隸。[21] 維吉尼亞州的本地人湯瑪斯・傑佛遜（Thomas Jefferson）在一八〇〇年就任總統前寫了以下這段話：[22]

「對比他們的記憶力、推理能力和想像力，我覺得在記憶力方面，他們和白人是一樣的，但在推理能力上則要低劣得多，因為幾乎找不到哪個黑人能夠追查和理解歐幾里得（Euclid）研究。在想像力方面，他們更是乏味、沒有品味和反常的。」

老實說，我不知道傑佛遜在最初的美洲殖民地上認識多少精通歐幾里得理論的白人，但不論他對黑人的觀察和不喜歡的理由是什麼，都毫不猶豫地與其中至少一個人不斷發生關係並生了六個孩子。[23]

達爾文於一八五九年出版了重大著作《物種源始》（*On the Origin of Species*），尤其是他於一八七一年出版了《人類的起源》（*The Descent of Man*）一書之後，我們都應該進一步認識到人類與其他猿類擁有共同遺傳的血統，但許多人不這麼想。相反地，當時許多科學家斷言，非洲黑人的演化不如歐洲白人，這種情況一直持續到二十世紀。一九六二年，卡爾頓・庫恩（Carleton S. Coon）出版了受到廣泛參考的教科書《種族起源》（*The Origin of Races*）[24]，書中寫道：「如果非洲真的是人類的搖籃，那它只是一所平庸的幼兒園，歐洲和亞洲才是我們的主要受教育的學校。」

這本厚達七百頁、圖文並茂的書籍中提供了非洲黑人和猿類之間的大量比較，讓白人很高興他們生來是白人，並讓他們完全接受對黑人的各種隔離或壓制的規範、法律和立法。

在提出任何科學假設時，你應該是自己最大的批評家，不希望同事在你發現之前找到你的推理漏洞，那會讓你看起來像是沒有做足功課一般。攻擊他人著作的一個好方法是退後一步，探索是否可以從完全相同的數據或可能忽略的數據中建構完全相反的解釋。如果你成功地推翻了自己的假設，那麼就該進行另一個研究計畫了。

讓我們來試試看。

翻轉立場：

如果十九世紀和二十世紀的人類學家是黑人至上主義者，而不是白人至上主義者，那他們在研究白人時會寫些什麼？你自己的團隊必須始終處於或接近你的排名系統的頂端，那麼有哪些觀察結果可能會支持白人低劣和比較接近猿人的理論？如果你是白人，讀到這些理論時會有什麼感覺？

黑猩猩是人類最親近的遺傳親屬，我們只需要找到黑猩猩和白人之間的相似之處，就能找到他們演化程度較低的可靠證據。

黑猩猩和其他類人猿的全身都是毛，而白人的毛也是最多的，他們的胸前和後背上都長著毛髮，[25]體毛甚至可以向上伸出襯衫領子，黑人的毛髮就比白人少多了。

大多數黑猩猩的臉、手和腳雖然是黑色的，但當牠們在為彼此檢查蝨子而撥開對方毛髮時，會發現牠們的膚色其實是白色的，而不是黑色或棕色的。[26]

黑猩猩的耳朵相對於牠們頭部的大小來說，通常是比較大的。經過數十年的觀察，我可以證明我見過最大的耳朵是長在白人身上，下次在擁擠的公共場所時，你不妨自己觀察看看。當然還是會有很多耳朵大的黑人，但黑人耳朵可以小到只有白人耳朵的一半。你現在可能會想到巴拉克．歐巴馬總統著名的大耳朵，但他正好一半是白人，一半是黑人。所以也許他的大耳朵來自血統中的白人基因遺傳。

在二十世紀的大部分時間裡，尼安德塔人被描繪成愚蠢而野蠻的。結果從一九九〇年代開始的基因研究顯示，歐洲人之中的尼安德塔人比例在百分之一到三之間，非洲人則是百分之〇。[27] 這對歐洲人的形象來說很不好，因為他們想要去除這種落後和原始的形象。從那以後，只要是發表和尼安德塔人相關的資料，都是在談論他們的創造性、藝術性、創意和表達方式，說明他們製作了複雜的工具和技術來塑造自己的世界。[28]

瞧瞧要成為一名種族主義者是多麼容易，讓我們繼續。

黑猩猩會投入許多時間為家人們梳理毛髮，我們都看過牠們這樣做，如果不是在動物園，就是在電視紀錄片中。顯然牠們發現的蝨子一定很好吃，因為從另一隻黑猩猩頭上摘下蝨子的猩猩也會吃掉這些蝨子。聽說過黑人兒童中蝨子大爆發的狀況嗎？可能沒有。[29] 白人兒童比黑人兒童更容易受到蝨子感染，高出三十倍，這種寄生蟲更喜歡在黑猩猩和白人的頭髮上產卵，而不是在黑人的頭髮上。[30]

如果不提到猿類，那麼普通的黑人對白人的優越感又如何呢？以下是一些根據：

白人罹患皮膚癌的可能性是黑人的二十五倍。[31] 我這輩子遇過數十個受過充分教育的白人極力爭辯說，他們和我都暴露在陽光下時，面臨同樣的皮膚癌風險。當在你的心目中覺得自己是優越的人種時，就很難接受自己並不那麼優越的事實。

中度至重度的牛皮癬會造成搔癢和皮膚像鱗屑狀脫落的情況，這種皮膚病在白人中的患病率是黑人的兩倍。[32]

是否曾看到黑人孩子臉上長滿粉刺，被同學嘲笑是「披薩臉」？可能沒有吧。

是否聽過「黑人的皮膚不會乾裂」這句話？意思是深色皮膚相對於淺色皮膚更能優雅地老化，皺紋和其他瑕疵也會比較少，這都歸功於黑色素。

在成長過程中，我在夏令營期間參加了幾次健行活動，大多數白人孩子都得了毒藤皮疹，而黑人孩子卻一個都沒有。雖然這樣的數據並不完整，但也許有人應該調查一下。

白人老婦人身體不好是大家都知道的事情，隨著年齡增長，其中一半的人最終會由於鈣質密度下降和骨質疏鬆症的發作而造成骨折。[33] 黑人則是到了老年，骨骼仍然完好且強壯。[34] 如果有黑人婦女的髖部發生骨折，那是因為她從窗邊摔下來，而不是因為在地板上滑倒。

儘管最近黑人青少年的自殺率有所攀升，[35] 但白人的自殺率一直是黑人的二．五倍。[36]

白人女性厭食症的發病率也比黑人女性高兩到三倍。[37] 另外還有一個和黑猩猩相關的證據：

黑猩猩喜歡在樹上盪鞦韆，顯然郊區的白人孩子也是如此。他們通常迫不及待地想要建造並住在後院的樹屋裡，黑人孩子甚至可能連想都沒想過這件事。白人顯然很想回到他們最原始的狀態。

對於某些人來說，這些種族主義的言論聽起來絕對令人不舒服，部分原因是因為支持這些論點的數據是真實存在的。然而，重要的是你的動機是什麼？是想要宣揚優越性並以邪惡的方式行動，還是只是對人類多樣性感到好奇？不論如何，種族主義的白人人類學家通常刻意忽略了這些問題。

有些人相信一些種族主義黑人神話，這些神話通常都跟膚色有關，例如衣索比亞人的膚色不像白人也不像非洲黑人那麼黑，並有一個有趣的起源故事，請聽我娓娓道來：[38]

根據傳說，當上帝正在烤製人類時，第一次他把黏土從烤箱中取出得太早，於是就出現了白人，這可說是他的第一次失敗。第二次，他把黏土烤得太久，造成了皮膚呈現深色的黑人，又一次失敗了。直到第三次，上帝恰好在適當的時間將黏土從烤箱中取出，製造出擁有金棕色皮膚、完美外貌的衣索比亞人。

這樣一個全能的創造者，需要學習如何烤出適當的膚色，或許有點令人感到好笑。但這是他們的故事，他們可以將自己置於幻想的頂端，就像其他人一樣。與此同時，在非洲東海岸，衣索比亞人的鄰居是索馬利亞人。他們的膚色比衣索比亞人更深，但臉部特徵卻明顯是歐洲人，或更準確地說，歐洲人的臉部特徵明顯是索馬利亞人。種族主義者該如何看待他們呢？

如果讓黑人種族主義者掌控立法，他們可能會像白人種族主義者對待黑人一樣，制定阻止白人接受教育的法律，並辯稱征服和奴役白人是因為他們愚蠢和低人一等。

——

非洲確實是「人類的搖籃」。幾十萬年前，早期的人類向北遊蕩，然後往西部和東部前進，足跡遍布歐洲、亞洲，最後抵達美洲。我們的祖先攜帶著基本的非洲基因組四處散布到全世界，而這些旅程所花費的時間比你想像的少。讓我們來計算一下，如果你以每小時兩英里的速度行走，一天持續八小時，那麼你大約需要四．三年的時間就能繞地球一圈（地球的周長為兩萬五千英里）。當然事實上，旅途中會遇到沙漠、水域、山脈和其他阻礙，沒有真正的路徑或道路可以繞地球一圈。但在農業出現之前，一代又一代的非洲人有很多時間可以到達地球表面每個相鄰的角落，有時是出於尋找食物的動力，有時是出於對外在事物的好奇心。

今天，全球六分之一的人口生活在非洲，這個大陸比歐洲還要大五倍，擁有五十四個國家，占世界國家總數的四分之一。當你看到這些地區的居民時，如果只注重他們的黑色皮膚，就忽略了他們最重要的特徵。作為人類的起源地，非洲展現出世界上最豐富的遺傳多樣性，只要你不只關注他們的外表，就會發現這些事實。隨著這種多樣性而來的是不同的分類。你知道在世界上哪個地區能找到最矮和最高的人嗎？答案是非洲。來自剛果民主共和國的馬布西皮格米人（Mbutsi Pygmies）平均身高略高於四英尺，[39] 而與中非剛果相鄰的盧安達和蒲隆地的瓦圖西人（Watussi）的平均身高達六英尺。[40]

世界其他地方也有矮小和高大的基因，但並不占據相同的地理區域。荷蘭人的平均身高比印尼人高十英寸，[41] 但他們相距地球周長近三分之一距離。

你可以在哪裡找到世界上最慢和最快的跑者？雖然體育比賽通常不會比誰跑得慢。在快跑者中，非洲及其移民後裔在過去一個世紀的大部分時間裡，無論是短跑還是長跑，都在國際田徑舞台上占據主導地位。

非常愚蠢和非常聰明的人也很可能都能在非洲找到。讓我們先來看看最聰明的人。值得提醒的是，埃及與其高度的工程、建築和農業文明比歐洲早了數千年。埃及位於非洲，文明卻如此先進，所以白人們會否認其成就。[42] 例如在一九九四年的科幻電影《星際奇兵》（Stargate）中，提到埃及的大金字塔並不是由非洲人構思和設計的，而是由征服了埃及人、像神一般、外表像人類的外星人所構思和設計的。太空企業家伊隆・馬斯克（Elon Musk）也是非洲人，[43] 但他甚至在二〇二〇年七月三十一日發布了這樣的一則推文：「外星人建造了金字塔。」然而，從十五世紀開始，歐洲探險家、殖民者、奴隸販子和四處旅行的人類學家從未到非洲尋找比自己更聰明的人，但實際上在非洲大陸有許多聰明的人，只要看看就知道。例如，我的一位南非白人物理學同事尼爾・圖羅克（Neil Turok）於二〇〇三年創立了非洲數學科學研究所（AIMS），[44]為數學、工程和物理學研究生提供啟發性的高階教學和支持。雖然總部設在南非，但該組織提供服務給非洲大陸的所有國家。從二〇〇八年開始，AIMS的使命擴大到針對某些特定目標，像是「在整個非洲尋求和培養科學人才，以便在我們有生之年出現一位非洲的愛因斯坦」等。[45]他們透過教師、教授和全國各地的長者，請他們推薦所在社群中智力表現優異、並且可能會從這個機會中受益的學生。

擅長西洋棋的人通常也是十分聰明的人，由於進入的經濟門檻很低，全球都有西洋棋的玩家和比賽，不論這個國家的經濟狀況如何。值得注意的是，非洲中心的尚比亞共和國的前十名棋手的平均評分都高於盧森堡、日本、阿拉伯聯合大公國和韓國。[46]讓我們來看看這些國家中二〇二〇年的人均GDP：盧森堡是十一萬六千美元，日本是四萬美元，阿拉伯聯合大公國是三萬六千美元，韓國是三萬兩千美元，尚比亞是一千美元。[47]

二〇二一年五月一日，一位才華洋溢的西洋棋選手，以在美國西洋棋協會的兩千兩百積分獲得「國家大師」頭銜，在全球三十五萬名分級的棋手中名列前百分之四，[48]僅僅在學習下棋幾年後達到的積分，就比他的西洋棋教練還高出五百分。那個神童是一位名叫塔尼托盧瓦·阿德烏米（Tanitoluwa Adewumi）的十歲男孩，他的家人是奈及利亞難民，於二〇一七年前往美國。一開始，他的家人在紐約市的遊民收容所待了一陣子，後來他的父母就找到穩定的工作並獲得永久居留權。二〇二一年三月，我在西洋棋大師莫里斯·艾旭利（Maurice Ashley）的Twitch平台（一個直播的社群平台）上與這個小傢伙下了一場簡短的西洋棋比賽，比賽很快就分出勝負。

說到奈及利亞人，這些移民到美國的家庭收入比全國平均高出百分之八。在英國，[49]奈及利亞裔的兒童，尤其是來自伊格博部落（Igbo tribe）的兒童，其平均考試成績一直都高於英國的白人兒童。[50]

我們或許應該停下來想想，在非洲大陸或地球上任何地方，潛藏了多少數學、科學、工程或各領域的天才，可能都因為缺乏機會而暫時或永遠失去了發展。

讓我們進一步討論在人類祖先家譜中的傳承體系。我曾經無意中聽到紐約市有人說他是義大利人，我問他在哪裡出生，他說：「布魯克林。」問他父母在哪裡出生？他還是說「布魯克林」。我再問他的祖父母在哪裡出生，他才說是義大利，所以他是義大利人。在與另一個宣稱她是瑞典人的人交談時，我問她在哪裡出生。她回答說：「紐約市。」我繼續問，你的父母在哪裡出生？「明尼蘇達州。」那你的祖父母在哪裡出生？「明尼蘇達州。」那你的曾祖父母呢？「瑞典，所以我說我是瑞典人。」你可以看到這是什麼情況嗎？在這兩種情況下，他們原本都可以說「我是美國人」就好，卻選擇追本溯源，挑選他們最喜歡的地方來決定自己是哪裡人。但他們追本溯源的終點其實是很隨興的，所以我請他們繼續追溯自己的家譜，直到他們追溯到非洲為止。因為最終，或者更確切地說，我們一開始都是非洲人。

人類血統驚人地趨於一致。全世界八十億人口中，每個人都有一對親生父母。想像一下，如果每對夫妻只生一個孩子，那麼那個孩子的父母那一代應該有一百六十億人。如果他們的親生父母也只生了一個孩子，那麼他們那一代的人口應該有三百二十億。如果這些人的親生父母也只生一個孩子，那麼他們那一代應該擁有六百四十億人口。我們從一九〇〇年到現在已經跨越了四代，預計不會有超過三代人同時活著，所以一九〇〇年的人口應該有六百四十加三百二十加一百六十，等於一千一百二十億人，但一九〇〇年的實際人口才不到二十億。

為什麼會出現這樣的情況呢？我們將時光倒流，一千一百二十億人以某種方式匯聚成二十億人。若再往前追溯，一八〇〇年的時候全球人口僅有十億，而一六〇〇年則只有五億。更早期的埃及金字塔時代，全球人口更僅有兩千萬人，[51]相當於今天紐約市人口的數量。[52]然而，要糾正這些數字的唯一方法就是將高度「不相關」的人快速地匯聚到越來越少的家庭中，更不用說在每一代中還有很多人是兄弟姐妹，以及超過百分之二十的人根本沒有後代。[53]這些事實表明，地球上的任何兩個人都有一個共同的祖先，他們位於一個快速匯聚的家譜的節點上。在族譜中，這種現象被稱為譜系崩潰。正是因為這個原因，數以億計的白人可以自豪和合法地聲稱自己是查理曼大帝的後裔（約西元八〇〇年）。如果對農民嬰兒和孤兒有更好的州記錄，我們肯定也會在那裡找到共同的祖先，否則就會在選擇家譜的藝術中被忽視。

當我在想像自己能夠實現的目標時，我並沒有參考家譜中所得知的祖先職業。

相反地，我觀察的是所有曾經生活過的人類，我們是同一個家庭，我們是同一個種族，我們都是人類。雖然我比較認為我們都是近親關係。

不管日常生活是否有這種感覺，文明已經在這幾十年和幾個世紀以來取得了巨大的社會進步。世界各地法律、立法和態度的逐步變化在某些領域將種族和性別的多樣性帶到了社會層面，這與馬丁・路德・金恩（Martin Luther King Jr.）於一九六三年發表的演說「我有一個夢想」中的名言相近：[54]

「我有一個夢想，我的四個孩子有天會生活在一個國家，在那裡，他們不會因為自己的膚色遭受評斷，而是以他們的性格來接受評斷。」

最後一個思想實驗證明了一個事實：假如有機會進入時光機，回到人類歷史上的任何一個時刻，你會選擇回到什麼時候和什麼地方？白人、順性別、異性戀男性可以任意選擇，在任何時候和任何地方都會受歡迎。但如果你不是這樣的人，那麼最好仔細想想自己想回去的時間和地點。你是女性、有色人種、殘疾人士、酷兒還是以上各種的組合？什麼時期對你更好？一千年前？五百年前？一百年前？五十年前？十年前？五年前？對我來說，現在是我最喜歡的時間點。我希望可以不受到計程車司機的拒載，不會失去好的工作機會，不被銀行拒絕貸款，或在我選擇居住的地區被刁難。我從小就夢想成為科學家，我不想成為某人的僕人，也不希望被另一個人購買和擁有，而且希望有機會追尋自己的夢想。正如極為先進的一神論牧師西奧多・帕克（Theodore Parker）在一八五三年所寫的內容：[55]

「我不想假裝了解道德世界，其弧線很長，我的眼睛只能看到某些地方。我無法透過視覺的體驗來計算曲線並完成圖形，我只能憑良心推測。從我所看到的情況來看，我相信這個弧線是傾向於正義的。」

我們是否承認、強調和擁抱多樣性？還是希望根本沒有注意到這件事？想像一下，如果種族、性別展現和民族無關我們對人們的判斷，就像他們是否戴眼鏡、使用什麼品牌的牙膏，喜歡格子鬆餅而不是美式鬆餅，都不會影響我們對這個人的觀感一樣，那麼這個世界會是如何呢？

我和來訪的外星人觀點相同。想想外星人和我們在許多方面都如此不同，因此，對於他們來說，無論我們如何區分自己，所有人類對他們來說看起來都一樣，只是有四肢、軀幹和頭部。儘管聽起來有些遲鈍，但我們對於地球上大多數動物的辨認能力也不太好。從遠處看，甚至從近處看，我們可能都無法分辨牠們的性別或同一物種間不同的顏色或羽毛之間的些微差異，就像我們都覺得城市裡的鴿子長得一樣。特別是對於那些在家庭中被飼養的金魚，有些父母會偷偷地將死亡的金魚換成活著的金魚，這種情況通常發生在孩子去參加營隊活動時，因為父母過度餵食（或忘記餵食）金魚而不小心害死牠們。對於我們大多數人來說，每條金魚長得都一樣。

到訪地球的外星人看到我們根據他們幾乎沒有注意到的特徵來隔離、分階級和征服其他人，在見證我們的行徑之後，為了回應所有與我們性格內容無關的事情，這些外星人肯定會打電話回家並報告進一步的證據，證明地球上並不存在具有智慧的生命。

09 法律與秩序

不管我們是否喜歡，兩者都是文明的基礎

如果在太空中殺死一個外星人，算不算謀殺？外星人必須比人類更有智慧，才能將其死亡歸類為凶殺案嗎？此外，誰擁有月球、小行星的礦產權或彗星的水權？哪個國家的法律規定其有權管轄行星表面的某塊土地？與地球上的法律相比，太空法仍然有點像美國西部拓荒時代那樣原始。因此，如果我們希望太空探索中的行為能夠不比地球上的行為惡劣，就需要制定可執行的太空法，或許可以啟動過去神祕的司法系統。基於以上種種原因，太空法本身就是法學的一個新領域。

法律制度可以說是我們所謂的文明的先決條件，因為法律可以保護我們不受人類不穩定的、原始本能的衝動影響。問問自己，如果這個世界上不存在採取法律行動的威脅，人們會做出怎麼樣的事情？即使現在存在著法律制度，還是有許多人違

反了既定的法律。沒有法律的話，就難以有文明。

亞里斯多德（Aristotle）曾說：「法律是沒有激情的理性。」如果真是如此，且那位被蒙上眼睛，一手持劍，另一手持著天平的正義女神，真的象徵著法律是這麼運作的，那麼你的陪審團每次都應該只參考專家為了尋找真相所提供的數據和訊息，並忽視律師的慷慨激昂、證人的情緒和大眾的觀點才對。如果法律審判的重點是講真話，而判決的結果是給予懲罰或獎勵，那為什麼有些律師的薪水比其他律師高呢？他們更善於發現真相嗎？還是他們只是更擅長採用能說服陪審團接受其觀點的方法和策略，而不管真相為何？

在法庭上，如果既不尋求也不渴望真相和客觀性，那麼我們就必須對自己承認，至少司法系統的某些部分與亞里斯多德所說的話是相反的，法律並非是沒有激情的理性，而是與感覺和情緒有密切關聯，一種將激情轉化為同情的追尋。而結果呢？在某些情況下，得出的判決並不代表就是真相，而只是那些坐領高薪的律師希望成為真相的事實。

考慮到司法制度的演變，以下為了故事講述方便而做了簡化。一般而言，負責審判的人會在具有或沒有證據的情況下，宣布你是否確實有罪。他們是根據自己的判斷——自認為正確的判斷來宣布判決，並且排除任何偏見、心情不好或錯誤訊息的影響。

當然，這樣的制度有改進的空間。

在宗教文化中，人們通常認為神祇能看到並知曉所有事情，聖誕老人的歌詞也這麼唱：「他知道你做了什麼壞事和做了什麼好事，所以看在老天的份上，請多做點好事。」那麼為什麼不讓上帝來判決呢？在嚴酷的考驗中，你可能被迫進行一對一的戰鬥、在水中行走、在火中行走、將熱油倒在胸口上或喝下毒藥。如果你在這些傷害中倖存下來，那麼你一定是無辜的，因為上帝保護了你。

這樣的試驗例子跨越了不同的文化，可以追溯到西元前一七五〇年古巴比倫的《漢摩拉比法典》。比方說，在該法典的兩百八十三條法律中，第二條就描述了用水來進行審判的過程：[1]

「如果有人控告某人有罪，而被告跳入河中後沉入水裡，那他的原告將有權占領他的房屋。但如果被告毫髮無傷，那麼控告者將被處死，原本的被告將占有原告的房屋。」

這條法律看起來一點都不公平。另一種相似的判定方法是把被告的屍體扔進海裡，如果屍體面朝上浮起來，那就表示上帝帶走了你的靈魂，你的清白在天堂得到了證實。但如果屍體面朝下就表示你是有罪的，天堂捨棄了你。

這些事情都不是編造的。安東尼奧．皮加費塔（Antonio Pigafetta）在參與麥哲倫航行全球的旅途中，[2]就在航海日誌的四十八章中記錄了在海上沒有新鮮食物或水的情況下，特別艱難的兩個月中發生的事情。按照慣例，死去的船員會被丟進海裡。皮加費塔描述了一個讓人想起用水作為審判的場景：

「我們連續向西北航行了兩個月，中途沒有任何飲食或休息。在那短短的時間裡，我們有二十一個人死去。當我們把基督徒扔進海裡時，他們臉朝著天空沉了下去，而印第安人總是臉朝下沉入海裡。」

要嘛他說的是事實，要嘛就是皮加費塔落入確認偏誤的思考迴路中。在任何一種結果中，如果你要在法庭上使用死在水中時面朝上的證據來判某人有罪，那麼每個人都必須是基督徒，才能如預期發生作用。如果他們不是基督徒怎麼辦？不論有沒有罪，這些被告都會被處死，也都無法上天堂。

那麼為什麼不讓證據來決定呢？控告者可以拿出證據來說服審判者。但假設審判人員不喜歡你，且你是無辜的，但是沒有人為你辯護，那麼只有當審查證據的人知道如何運用證據並關心事實時，證據才會起作用。

平心而論，皮加費塔是一五〇〇年代的人了，那是一個前科學時代。如前所述，直到一六〇〇年代，今日進行的假設檢驗才成為科學中的常規。在此之前，自然哲學家們，也就是我們今日稱之為科學家的人，完全滿足於宣稱看似真實的事物，不知道後來實驗和觀察將取代假設。不是人類，而是大自然，也就是宇宙本身將成為科學界的終極法官、陪審團和劊子手。十九世紀的博物學家湯瑪斯·亨利·赫胥黎（Thomas Henry Huxley）更直言不諱地表達了同樣的事情：[3]

「科學的巨大悲劇，醜陋的事實扼殺了美麗的假設。」

為什麼不讓大眾決定，運用群眾的智慧來判決呢？這樣判決將不再受現任法官情緒的影響。但是等等，大眾也可能會做出非常不合理的判決。他們可以變成暴徒，隨著暴徒規模的增長，他們集體的腦力會衰退。生活中真的還有其他可以一邊揮舞著乾草叉和火炬一邊憤怒地呼喊的場合嗎？群體正義正是造成私刑的主因。今日，人們會在網路上取消對某人的關注——歡迎來到輿論法庭，而不是講究法律的法庭。在贊成和反對的計算中，人們可以在其中權衡自己想要的真相，或什麼應該是真相，而不是真正的事實。要查明真相，需要仔細和徹底的調查，而不只是閱讀媒體報導並根據這些報導形成你的觀點這麼簡單。

這裡有個更好的主意。讓我們收集一組普通人，不要太多也不要太少。讓他們接觸支持和反對被告的證據，並賦予他們決定有罪或無罪的權力。這避免了暴君的心血來潮、單一法官的偏見、嚴酷審判的血腥和暴民的盲目。假設陪審團剛好出於某些原因討厭你，或者他們的生活階層與你不同，無法了解你的情況，所以也許他們並不討厭你，但也不關心你的死活，那也很糟糕。

這裡有個更好的主意。讓我們組成一個陪審團，不是隨意挑選的任何人，而是你的同儕。這為你提供了獲得公平審判的最佳機會，最大限度地減少或消除對你的潛在偏見。就算你的確有罪，也可能會產生對你有利的偏見。這是可以接受的風險，正如布雷克史東比例所顯示的那樣：[4]

「寧可錯放十個罪人，也不願錯關一個無辜之人。」

以上是一七六〇年代由英國法學家威廉・布雷克史東（William Blackstone）爵士首次發表的言論。

我們現在得出了西方世界現代司法制度的根本：由同儕的陪審團進行審判。撇開始於一八三〇年代的美國、長達一個多世紀的私刑不談，一七九一年通過的美國憲法第六修正案涵蓋了保護被告的條款：

在所有刑事訴訟中，被告應享有由公正的陪審團進行迅速和公開審判的權利……被告必須知道被指控的性質和原因與不利於他的證人對質，有強制程序獲得有利於他的證人，並有律師協助為他辯護。

這些想法可以追溯到很久以前，甚至在西元一二一五年約翰國王的《大憲章》之前，其中包含聲明如果沒有「同儕的合法判斷」，[5] 任何自由人都不得受到懲罰。今日我們的司法系統繼續按照著這些原則運行，從理論上來說，每個人都應該得到公正的審判，但在實踐上，手段高明的律師可以左右陪審團的感受，影響他們對資料的解釋，並在判決的時刻在法庭上製造偏見，而那些偏見可能是在審判開始時並不存在的偏見。

事實上，我們培養未來的律師就是要具備這種說服力。全國高中和大學的辯論社便是培養出這些法律專業人才的沃土。即使我的高中派出了一支特別有競爭力和成功的辯論隊伍，我自己從來沒有太大的興趣。他們的走廊櫃子裡總是塞滿了獎盃，比我們運動隊伍的獎盃來得多。無論如何，我直到成年才終於了解這些錦標賽是怎麼回事。辯論者能提前得知比賽中要討論的主題，但直到比賽當天才會知道自己將被分配到辯論的哪一方。獲勝者是最能說服裁判的人或團隊，目標不是找出與事件相關的客觀真實性。相反地，整個系統都只在訓練你怎麼辯論，不管你被抽到正方或反方皆然。規則還預設了所有辯論主題只能有兩方，不是三方，不是五方，沒有介於兩方之間的任何可能性。了解到這一點，作為一個正在學習中的科學家而言，我想不出任何比單純只是培養能言善道的辯論者更破壞對真理探索的事情了。

也許我在這裡反應過度了。我曾就讀於紐約市布朗克斯科學高中（Bronx High School of Science），該校畢業生中有八人獲得諾貝爾獎，七人獲得物理學獎，一人獲得化學獎，辯論文化並沒有嚴重傷害我們的科學文化。然而你不禁還是會想，我們的政治人物從一開始就大量來自法律界，統稱為「立法者」。國會審議時的持續僵局是否就是源自於他們只熱中辯論，而不去探討能發現真相的科學？

儘管如此，確定有罪還是無罪的嘗試還是會隨著時間的推移而不斷發展。我們都同意，這是一件好事。是否還有進一步改進的空間？這個體系是否需要進一步改善？這個問題的答案似乎是否定的。

我第一次被傳喚去當陪審員時，是我還在普林斯頓大學任教的期間，我在那裡設計了一個大學生研討會，關於什麼是科學，以及科學如何且為什麼產生作用。在律師對準陪審員進行的「預先審查」問答環節中，我被問到讀什麼雜誌，看什麼電視節目，從哪裡得到消息。然後我被問到靠什麼謀生。「我是科學家。」從書面問卷資料中，他們得知我在普林斯頓大學教書，他們問我教什麼科目。「我教一門課程，關於為什麼證據評估和目擊者證詞相對不可靠。」我沒能通過審查，一個小時之內就被請回家了。

當科學家無意中聽到「我需要證人！」的戲劇性法庭呼喚時，我們會想：「為什麼？」心理學家完全理解這種對目擊者證詞的不尊重。[6] 兩個理智的人可以在觀察相同的事件或現象，並在同樣的誠意和信心下，對自己的敘述進行截然不同的報告。事件愈是非比尋常或令人震驚，比如目睹暴力犯罪或遇到外星人，對此經歷的各種描述就可能相距愈大。這就是為什麼一開始會發明科學方法和工具，那是為了採集數據來消除人類感官上的弱點。目擊證人的證詞在法庭上可能很重要，但在科學上的地位卻沒那麼重要。如果你來參加科學會議，並說你最佳的證據是親眼目睹了事件的發生，我們會請你離開。

我第二次被傳喚去擔任陪審員時，法官閱讀了案件的基本情況，被告就在房間裡，是持有毒品古柯鹼的曼哈頓人。被告被控持有一千七百毫克的古柯鹼，賣給臥底的緝毒警察。我們進行到了陪審員審查部分，有人問我是否認識任何律師，當時我沒有任何律師朋友。程序進行到最後時，法官介入並問道：「關於這個過程，你們有什麼想問法庭的嗎？」我舉起手說：「是的，法官大人，你為什麼說那個人持有一千七百毫克的古柯鹼？如果以公克為單位，他其實就只是持有一．七公克的古柯鹼，還不到一角錢的重量。」當我這麼說的時候，法庭上的每個人都看著我的方向，點了點頭。我繼續說道：「……所以你似乎想讓毒品的數量聽起來比實際上還要多。」

不到一小時，我又被請出法院了。

我很好奇自己的問題後來是否影響了其他準陪審員的想法，畢竟我們沒有人會說：「六百億毫微秒後再見。」而是會說：「一分鐘後見。」

在我第三次被傳喚去當陪審員時，案件是一起搶劫案，雙方各執一詞。一名男子被指控搶劫一名婦女購買的雜貨和錢包。警方很快就找到犯行者，受害者也指認就是那個人，但他並沒有持有受害者聲稱被搶劫的物品，這讓案情變得非常複雜。在這一輪陪審團選取中，我進入了最後的十五名，這是我在十二人制陪審團中最接近的一次。然後法官一一詢問我們是否能就所提供的證據作出判決。我回答說：「據我所知，目擊者的陳述具有高度的不可靠性，如果唯一的證據是目擊者的證詞而沒有物證支持時，我無法將被告定罪。」法官隨後將我的反對意見告訴了其他人，問說：「有沒有其他人和他有相同的看法，認為需要不只一位目擊者的證詞才能做出判決？」坐在我面前的一位準陪審員立即回應說：「他不是這麼說的！」在那一刻，我（成功地）竭盡全力沒讓自己說出以下的話：「法官大人，就在幾十億毫微秒前，你才親耳聽到了我說的話，但你卻聽錯了。」即便如此，我還是在一個小時內再次被請出了法院。

———

如果讓律師擁有以慷慨激昂的論點影響陪審團的權力，並讓他們因此忽視數據資料，就是我們想要的法律制度的話，那麼法院就永遠不會希望有我或像我這樣的科學家同行，成為陪審團的一員。你永遠不會需要任何數據分析、統計或概率方面的專家，可能也不需要工程師這樣的人。我們當前的司法系統就是這樣，但如果要成為更好的體系，那麼確實還有改進的空間。也許我們不應該滿足於：「雖然司法體系有缺陷，但目前最好的狀態就是這樣了。」雖然說利用這些缺陷可以為舞台劇、電視劇和電影提供精彩的法庭故事題材。例如一九五七年由瑞吉諾・羅斯（Reginald Rose）編劇的法庭劇《十二怒漢》中，只有一位陪審員不會從所獲得的證據中驟下結論，而是緩慢而理性地揭示其他十一位陪審員的各種偏見，包括年齡歧視、能力歧視和種族歧視。這是一場謀殺案的審判，應該要多花一點時間來做出判決。在故事尾聲，劇情在審議室中展開，十一位陪審員中的每一位都將他的票改為無罪。如果陪審員都是理性的、善於分析的、幾乎沒有偏見的人，就不會有這部電影的出現，或者只能演個十分鐘。

現代法律制度衍生出另一個組織，稱為「清白專案」（Innocence Project），他們的使命宣言說明了一切：[7]

「清白專案的使命是釋放眾多仍被監禁的無辜者，並對造成這些不公正的牢獄之災進行改革。」

自一九七三年以來，已有超過一百八十六名在美國被判處死刑的人被無罪釋放，在此期間已經處決了一千五百四十三名死囚。[8] 自一九八九年以來，僅依靠DNA證據就已經釋放了三十七個州的三百七十五名被誤控罪名的囚犯，他們總共服刑了五千兩百八十四年。[9] 如果依照布雷克史東十比一的比例，並將其應用於服刑時間，我們可以問問自己，有罪的人沒有服刑的五萬兩千八百四十年時間，就能讓無辜者服刑的五千兩百八十四年合理化嗎？

隨著DNA和法醫學領域的蓬勃發展，科學似乎成為了救星。問題是，證據的呈現仍然深陷於一個體系中，而該體系仍足以操縱陪審員的偏見，忽略真正的事實，美國國家科學院因此對法庭上猖獗的科學濫用問題展開研究，在二〇〇九年寫了一份三百四十八頁的報告，標題為〈加強美國的鑑識科學：前進的道路〉，摘要包含以下內容：[10]

在某些情況下，基於錯誤的鑑識科學分析的實質性訊息和證詞可能會導致對無辜者的錯誤定罪，這一事實表明，過分重視來自不完善的測試和分析的證據及證詞的潛在危險。此外，不準確或誇大的專家證詞有時候也會導致錯誤或誤導性的證據獲得認可。

這種錯誤證詞導致無數冤案，其中最有名的案例之一是暢銷書作家艾莉絲・希柏德（Alice Sebold）在一九九九年寫了一本名為《幸運》（*Lucky*）的回憶錄，她在書中提到自己在一九八一年十八歲時遭到一名黑人性侵，這名黑人後來被逮捕、定罪並且被判了十六年。一直到二〇二一年十一月，在重新審查了對他不利的證據後，他被無罪釋放。一週後，希柏德的書被她的出版商斯克里布納（Scribner）撤下，此後她也因當年的錯誤指認向受害者道歉。[11]

清白專案報告指出，百分之六十九的無罪案件都是因為證人誤認，包括將嫌犯和其他人排成一排提供指認、出庭指認、犯人照片、警方的人像素描和對聲音的誤認等。

排除所有可能被引用為監禁率的人口統計數據，例如種族、年齡、宗教、貧困、就業狀況、破碎的家庭等，美國[12]和全世界[13]的所有罪犯中足足有百分之九十三都具有特定的共同特徵。對其基因圖譜的廣泛研究顯示，這些人都攜帶Y染色體，[14]幾乎所有發動戰爭的人類也都攜帶這種社會性的退化特徵。

沒錯，就是男人的問題。如果我們能夠以某種方式修復他們遺傳密碼中的缺陷，那麼對我們所有人來說，這個世界將變得更加安全。我們可能會將責任歸咎於睪丸激素，但事實上許多非暴力的偉大人物，包括耶穌、聖雄甘地和馬丁・路德・金恩，其實也都是男性。此外，世界上大多數的男性一生也都不會犯下重罪，只能說這是個未解之謎。

或許地球需要的是一個理性的虛擬國家，藉此解決當前造成犯罪、懲罰以及世界政治的非理性行為。這就是矽谷企業家和行銷主管泰勒・米爾莎爾（Taylor Milsal）在西班牙加那利群島舉行的二〇一六年Starmus科學節雞尾酒會[15]上提出

的建議，她所說的「理性之地」（Rational Land）的概念引起了所有人的注意。參加這場盛會的人包括著名的科學教育家布萊恩．考克斯（Brian Cox，粒子物理學家）、吉兒．塔特（Jill Tarter，SETI協會研究員）、理查．道金斯（Richard Dawkins，演化生物學家）、吉姆．艾爾－哈利利（Jim Al-Khalili，理論物理學家）和卡羅琳．波爾科（Carolyn Porco，行星科學家）。在會中，他們討論了哪些地方可能有機會成為特許的自治市，成員國將在其行為和政策中採用理性思維。呼聲很高的候選城市包括倫敦、巴黎和紐約，瑞士和丹麥這兩個國家，美國麻州、明尼蘇達州和加州等。這個話題在雞尾酒會上熱絡了起來，每個人都以泰勒提出的觀點添加了自己的各種意見。

對我來說，「理性之地」（Rational Land）這個名字不順口，所以我推薦了「理想國」（Rationalia）這個名稱。我還認為，納入整個城市人口可能會忽略在其內部運作的高度不合理的派系，也可能會忽略在其外部運作的高度理性派系。因此，在與布萊恩和吉姆進行廣泛討論後，我們轉而接受了個人對虛擬公民身分的選擇，這恰好是社群媒體的理想選擇，我也因此在會議期間發布了一條簡單的推文：

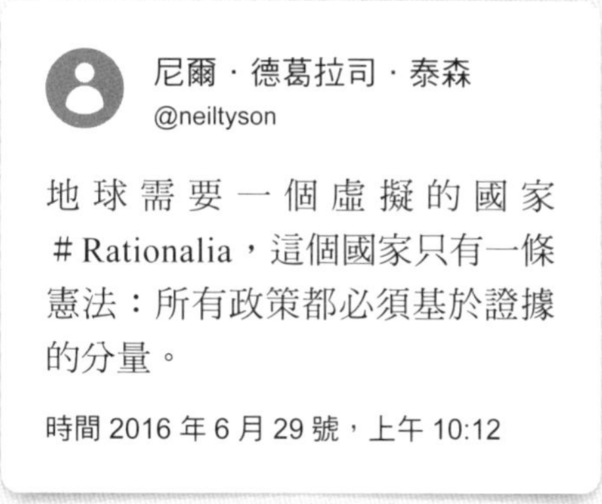
尼爾．德葛拉司．泰森
@neiltyson

地球需要一個虛擬的國家#Rationalia，這個國家只有一條憲法：所有政策都必須基於證據的分量。

時間 2016 年 6 月 29 號，上午 10:12

——不會有公民考試，沒有移民規則，不必宣示忠誠拿起武器對付敵人，只是按照那條憲法進行一切程序。

這條推文發布後不久，有些看到的人就氣炸了。我很驚訝有這麼多組織和媒體討厭這個想法，他們很肯定一個建立在證據和理性思維基礎上的國家是行不通的，有些媒體頭條這麼寫著：[16]

《美國新聞與世界報導》
理想國謬誤

《新科學家》
由科學統治的理性國家將是一個可怕的想法

《石板》雜誌
由科學統治的國家是一個可怕的想法

《聯邦黨人》雜誌
尼爾·德葛拉斯·泰森的「理想國」將是一個可怕的國家

《藝術期刊》
抱歉，尼爾·德葛拉斯·泰森，僅根據「證據的分量」來制定一個國家的政府政策是行不通的

真令我震驚，這五家媒體中有三家都在他們的標題中使用了「可怕的」這個

詞，希望你在閱讀他們的文章之前，就讓他們的觀點成為你的觀點。《藝術期刊》的標題以「抱歉」開頭，是大人對一個剛剛提出瘋狂想法的孩子的說話方式，但因為你是成年人，所以必須禮貌地告訴你這行不通。有這麼大量的意見聚集起來反對我，而且反對這個概念，並且我的科學家教育夥伴和泰勒．米爾莎爾都連帶遭到攻擊，他們認為我們不是瘋了，就是在胡言亂語。

或許去和意見相左的人爭論，可能比去探索他們為什麼與你的想法不同輕鬆多了。這些媒體都沒有事先聯繫我，徵求我的意見納入他們的文章中，他們並不想與我對話。幸好，我的社交媒體關注量足夠多，我可以在那裡回應他們的擔憂，讓更多讀者看到我的回應，甚至比他們的總發行量還多。我只是隨口說說，請不要當真。

我對科學家不應該塑造地緣政策的一貫語氣感到無奈，反對意見中最強烈的是認為如此一來，一個國家的道德從何而來，以及如何建立或解決其他道德問題。

我上次查看《美國人權法案》時，裡頭也沒有討論到道德這個議題。法案中沒有任何地方說：「你不得殺害他人。」然而我們的確有一條完整的修正案——第三號修正案——規定軍隊未經你的許可不得在你的家中駐紮。

如果法庭判決完全是基於證據，那麼受到蘇格蘭司法系統的啟發，我們應該會重新定義「無罪」的意思並添加第三個「無辜的」判決：

有罪：根據證據，你被指控的罪行成立。

無罪：我們認為你有罪，但無法證明你有罪或無罪。

無辜的：根據證據，你沒有犯下被指控的罪行。

考慮到道德觀念會隨著時間和文化而演變，我們通常需要根據新的知識、智慧和洞察力，對先前的道德觀念進行理性分析。例如，雖然《聖經》經常被認為是道德觀念的根源，但在其中卻找不到反對奴隸制度或討論性別平等的言論。

在我的「理想國」推文中，我特別提到了政策，這些政策可以更廣泛地設置思考法律的框架。例如政府在投資研究和發展時的選擇，以及是否應該幫助貧窮人群。此外，自治城市應該在多大程度上支持平等的教育權，以及是否應該對某個國家的商品和服務徵收關稅，以及如何確定稅率和收入標準，以及是否應該實施「碳信用」來管理並最終阻止化石燃料的使用。這些政策經常在不同的政治派別之間出現分歧，彼此認為自己的觀點是對的，而對手的觀點是錯的。然而，這種爭論往往都持續很久，因此引用一句最真實的格言：「如果爭論持續時間超過五分鐘，那麼雙方都是錯誤的。」

此外，「理想國」的憲法規定，在制定任何基於該想法的政策之前，需要存在大量令人信服的證據來支持某個想法。任何數據上的缺失都可能造成偏見。在這樣一個國家裡，無時無刻都需要進行數據收集、仔細觀察和實驗，因為這幾乎影響著我們現代生活的每個層面。因此，「理想國」將引領世界去發現，因為發現將是政府運作和公民思考方式的核心，大家都將了解缺乏相關數據將會造成偏見。

在「理想國」中，研究人類行為的科學，例如心理學、社會學、神經科學、人類學、經濟學等，將會獲得大量資助，因為我們對於人類如何與他人互動的理解，大部分都來自這些學科的研究。然而，由於研究對象是人類，因此這些領域很容易受到社會和文化偏見的影響。因此，證據的可驗證性將是最受關注和優先考慮的問題。

另一方面，在「理想國」中，如果你想資助學校的藝術課程，只需要提出一個理由。這樣做是否會增加公民的創造力？創造力對文化和整個社會有貢獻嗎？無論你選擇什麼職業，創造力在你的生活中是否重要？這些都是可測試的問題，只需要透過驗證來確定答案即可。在證據面前，辯論很快就能結束，我們就能繼續討論其他問題。

在「理想國」中，由於證據的重要性已寫入憲法，因此每個人從小就接受訓練，了解如何獲取和分析證據以及如何從數據中得出結論。

在「理想國」中，你可以非常不理性，但如果沒有足夠的證據支持，你就不能只依靠自己的想法來制定政策，因此「理想國」也可能是世界上最自由的國家。

在「理想國」中，公民們會同情新聞主播將自己的觀點說成事實，因為每個人都聽得出來那些人只是在胡說八道。

比方說，在「理想國」中，如果你想引入死刑，就必須提出一個理由。如果原因是為了阻止謀殺案件發生，那麼就會設置一個完整的研究機構（要是還沒有的話），看看實際上死刑是否真的能阻止謀殺案的發生。如果沒有的話，那麼你提出的政策就會失敗，我們將繼續處理其他提案。如果死刑確實可以阻止謀殺案件的發生，那麼接下來必須提出一個問題：如果國家被授予奪取本國公民生命的權力，並且無法透過魔法讓他們起死回生，那麼如果後來發現被處決的人是無辜的，該怎麼辦？

在「理想國」這個多元化、多元論的土地上，你可以自由地信奉宗教，只是很難在此基礎上制定政策。「政策」這一詞的含意多半都是指適用於每個人的規則，但大多數宗教的規則都只適用於他們的教徒。

在「理想國」中，心理學和神經科學的研究取決於我們願意承擔多大的風險，以及放棄多少自由換取舒適、健康、財富和安全。

在「理想國」中，你可以創建一個「道德辦事處」，在該處提出和辯論道德準則。「理想國」的公民會接受哪些道德準則？這個問題本身就是一個研究項目。國家所做的事情並不總是正確的，「理想國」也是。奴役黑皮膚的人是可以被允許的事情嗎？美國憲法在七十六年來一直認為這是被允許的。女性應該有投票權嗎？美國憲法在一百三十一年來都說女性不應該有投票權。

如果我們得知「理想國」的憲法需要額外的修改，那麼這些修改背後一定有證據支持。在這樣的世界裡，人們可能仍然有不同的意見，但不太可能因此開戰。法庭將成為理性辯論的堡壘，使得法庭劇成為有史以來最無聊的電視類型，並為永恆的正義和和平奠定基礎。雖然這樣的制度可能不是完美的，但它仍然是我們迄今為止所擁有的最佳制度。

歸根究柢，重點就是要透過和遵守我們都尊重的法律，需要客觀可核實的證據來起訴犯罪者的法律——這些都是我們認為公正、能促進文明發展以及促進民眾和諧的法律。此外，如果迪蜜勒小姐（Miss Demeanor）* 做出了輕微觸法的行為，你會想了解她這麼做的原因，以便進行評估和糾正，避免她未來再犯，並不一定要透過懲罰來達成目的。我們需要一套客觀真實、適用於每個人的法律體系，而非僅適用於某些人的政治或個人真理。

讓我們希望司法體系能夠進步，不再像過去原始和粗糙，而是更加先進和公正。

*註：諧音，misdemeanor（輕罪）。

10 身體與心智

人體生理學可能被高估了

我有些最好的朋友是由化學物質組成的，實際上，我所有最好的朋友都是如此。雖然我們希望人類不僅僅是生物電化學反應的總和，但人體中的化學物質仍然占據相當大的比例。即使我們提及「靈魂」、「精神能量」或「生命力」等詞語，但我們還是不能忽視化學物質在人體中的重要作用。每年都會出版的《醫師藥物參考手冊》，[1] 其中包含超過一千種可用處方藥品的清單，包括藥品生產商、藥品圖像、建議劑量、副作用、禁忌症和藥品化學組成等訊息。此外，還有大量的非處方用藥、膳食補充劑和草藥療法可供選擇。這些化學品的製造和供應為全球經濟產業做出了貢獻。草藥療法，無論是古代還是現代，都是在將化學物質注入人體，只是這些草藥不是在實驗室中製造的。為了過上健康、無痛苦的生活，我們必須承認，自己就是一袋化學品，有時需要其他化學品的幫助才能過上充實的生活。考慮到我們從幼到老時，身體出現疾病的頻率和故障的頻率，我們會訝異人體仍然能夠正常運作。

如果是這樣，那我們應該有多驚訝？

我在七年級時，有一位非常熱愛人體的科學老師，他特別喜歡研究心臟。他告訴我們，心臟可以跳動長達八十年或更長時間，而不會停止。他解釋說，即使是最好的機器，如果沒有定期保養，也無法像人體器官一樣長時間持續運作。他還稱讚了我們的手和腳，認為它們是演化設計的巔峰之作，包括骨骼、肌肉、肌腱和韌帶都在正確的位置。他提到了一位著名的藝術家達文西畫的維特魯威人，這幅畫描繪的是一個雙臂張開、嵌入在完美圓圈裡的人形，其中蘊含了完美的幾何比例。這個圓圈的確切中心是人的肚臍位置。當時這些論據似乎非常有說服力，但後來我知道人類的肚臍位置其實會因人而異；如果一個人在一星期內不喝水，將會出現災難性的器官衰竭，最終導致心臟停止跳動。[2] 因此，心臟的確需要保養，只是我們沒有意識到這是一種保養。

我們的雙腳是身體的奇蹟之一，每隻腳都有二十八塊骨頭、韌帶和肌腱。[3]對於沒有腳的競賽者，他們會使用連接在腿上的彎曲片狀義肢來代替腳。在帕拉林匹克運動會上可以看到這些義肢，它們看起來不像人的腳，但卻設計得更好，走路和跑步更節能。因此，除了人體存在缺陷和缺點之外，還有很多其他原因，幾乎沒有動力去發明一個與我們一模一樣的智慧機器人。

儘管機器人內部可能存在不受歡迎的電腦病毒，但人體內卻藏有許多受歡迎的微生物。在我們下結腸的每一公分中，存活和工作的細菌比曾經活過的所有人類總和還要多。對這些微生物來說，我們只不過是一個溫暖的厭氧糞便容器。你的身體是由誰主導呢？大多數情況下是我們自己。除非你擾亂了微生物，使其失去平衡，就會變成由這些微生物主導，確保你始終知道自己與最近的廁所的距離。將其全部計算在內的話，在我們的腸道和皮膚上協同共生的微生物，會得到比我們自己身體的細胞更多的生物體，[4]這個數字可能高達一百兆個微生物。其中一些微生物甚至可能影響我們對食物的喜好，例如巧克力，因為它們能分解大分子使其更容易進入血液。[5]因此，當我們想吃巧克力時，實際上是我們腸道中的微生物在召喚這種甜食。

我們的感官呢？人體擁有複雜的生物和電化學途徑，使我們能夠認識周遭環境。傳統上，我們有五種感官：視覺、聽覺、觸覺、味覺和嗅覺，這些感官能檢測外部環境的刺激，因此人們很重視它們。當你失去其中一種感官能力時，就可能被認為有缺陷。

就距離而言，視覺是五種感官中排名第一的，因為人眼能看見最遠的物體是銀河系的雙胞胎——仙女座星系，它位於兩百萬光年之外，遠遠超過夜空中的星星。其次是聽覺，當音量足夠大時，如雷聲，你可以從幾英里外的地平線聽到此聲響。至於嗅覺，你通常可以在家裡的任何地方分辨出剛剛是否有人把晚餐煮焦了，儘管煙霧偵測器已經成功取代了這個角色。最後，味覺或觸覺則需要與身體直接接觸才能感受得到。

直到工程師開發出工具來磨練、擴展甚至取代我們五種感官中的每一種之後，科學本身才達到實驗的成熟度，這些感官本身非常容易受到伴隨的心理狀態影響。不僅如此，我們還發現了遠遠超出人類生理學的感官。事實上，與科學現在擁有的數十種「感覺」相比，我們的五種生物感官顯得相對遜色，每一種感覺都提供了進入自然運作的非凡途徑。我們能偵測到不可見的電磁場，包括無線電波、微波、紅外線、紫外線、X射線和伽馬射線。我們能測量到重力異常、光的偏振、光的光譜分解、十億分之一的化學濃度、大氣壓力和大氣成分。在醫院裡，我們有MRI，意思就是磁振造影，應用的是一種稱為核磁共振的物理學現象，能讓我們識別和表示一個體積中不同原子核的質量。這台機器最初被稱為NMRI，但「核」（nuclear）這個字眼是我們這個時代的禁忌之一，所以將它從縮寫中去掉了，以免人們認為他們在測量過程中接收到致命的輻射劑量。物理學家費利克斯・布洛赫（Felix Bloch）和愛德華・珀塞爾（Edward Purcell）就是因為這些發現而共同獲得一九五二年的諾貝爾獎。[6] 珀塞爾也恰好是我的大學物理教授之一，他涉足天體物理學，並取得了與氫原子行為相關的重大發現，[7] 讓那些使用電波望遠鏡的人能夠發現和追蹤銀河系中大量氫氣雲的存在。

磁振造影是一種在醫院中高度重視的機器，但在醫學研究領域中卻沒有根基。儘管給予醫學研究人員更多資金，也不會推動機器基本原理的發現。這是因為磁振造影是基於物理定律的發現，是由一位對醫學不感興趣的物理學家觀星者發現的。醫院中的其他放射科機器，如X射線、CT掃描和PET掃描、腦波圖、心電圖、血氧計和超音波等也是如此。這些機器的運作方式基於物理原理，如果有一個控制開關的按鈕，其功能可能也是基於物理原理。因此，支持實用研究和基礎研究同等重要，這樣才能推進文明進步。有時候，我們認為資助實用研究比基礎研究更為重要，但這樣的想法缺乏見識。

醫學工程師的出現對於發現這些機器的實用性至關重要。你永遠不知道哪些發現會改變自己所在的領域，這些發現可能來自你自己不熟悉的專業。[8]

長久以來，超音波技術一直是有關人體的爭議話題之一。在孕期中的前五個月裡，胎兒無法在子宮外存活，即使有密集的醫療護理也無法達成。或許有一天，我們會知道如何在醫療容器中讓受精卵成熟，但現在這個時間點感覺還很遙遠。在美國，有關州和聯邦立法者掌握其公民子宮的控制權的辯論非常激烈。一些人口統計數據強烈認為，懷孕的人在懷孕六週後就沒有權利終止妊娠，因為那個時間點大概是可以透過超音波首次檢測到心跳的時間，[9] 他們認為這是謀殺。

需要明確指出的是，這是針對重量不到一個迴紋針且無法自力更生的人類胚胎的謀殺。支持這些觀點的人多數來自基本教義派和保守基督教團體。在十五個最虔誠的宗教州中，[10]有十一個在最高法院於一九七三年推翻羅伊訴韋德案（Roe v. Wade），這個具有里程碑意義、將墮胎合法化的案件時，就準備好禁止或嚴格限制墮胎的法律。[11]這些觀點明顯受到對慈愛、富有同情心的基督教上帝以及對所有人類生命（不論其是否有存活能力）的神聖信仰的強烈激發。值得一提的是，他們不是邪惡的公民，而是善良的基督徒，但這十一個州中有十個州也贊成死刑。[12]

總體而言，四分之三的共和黨選民[13]支持某種反墮胎／支持生命的立場，而這些立場會由法律嚴格執行，儘管共和黨人希望在我們的生活中不要有更多的政府管控。從醫學上講，在受孕後的前八或九週、未出生的人類稱為胚胎，之後到出生前就一直是稱為胎兒。[14]根據我的經驗，那些歡迎新生命降臨的人會把子宮裡的人類稱為「嬰兒」，只是這樣簡單地變化一下詞彙，就能讓保守派的反墮胎支持者更加猖狂地嘲諷那些自由派的支持墮胎權者，說他們一邊想要「拯救鯨魚」，一邊卻想「殺死嬰兒」。[15]

讓我們看看美國最近的墮胎率，在一九九〇年至二〇一九年間，[16]每年超過五百萬次懷孕中，有近百分之十三是透過醫學方式流產的，[17]然而在懷孕前二十週內有多達百分之十五的自然流產機率。還有更多的流產是被忽視的，因為是發生在孕期的最初三個月內，通常當事人都還不知道自己懷孕了。將這些數字加起來，自發性的流產數量可能超過所有懷孕數量的百分之三十，[18]因此如果是由上帝決定這一切，那麼上帝決定使其流產的胎兒比醫生透過醫療方式做的還要多。

我只是提供一些觀點讓諸位參考，因為說到底，是誰控制我們的身體這件事，每個人都有自己的立場。

我們的生理功能對於自己的生活和健康扮演著重要的角色。若有某些生理功能出現障礙或未能發揮作用，我們將會受到損害嗎？殘障或殘疾代表什麼？根據字典定義，殘疾者在身體、精神或社交方面可能會有功能缺陷。儘管某些地方可能存在著理想中的「樣品屋」，其中的人類具備完美的生理素質，如工作的手指、手、手

臂、腿和腳以及敏銳的感官，平均身高和所有器官都按照醫學教科書的規定運作，但事實上，這樣的情況很少見。這樣的觀點存在著感官和生理沙文主義的味道，[19]不論所謂的理想為何，現實中並不是每個人都有完美無缺的身體狀態。某些行業的存在可能會讓你產生自卑的感覺，認為自己需要花費無限的時間或金錢，甚至兩者兼而有之，才能達到所謂的「正常狀態」。這樣的觀念深藏在我們的內心，讓我們幾乎無法以其他方式來思考這個問題。但是，讓我們試著從不同的角度來思考這個問題。

經典古典音樂中最著名的作品，可以說是貝多芬的第九號交響曲。這首曲子完成於一八二四年，當時他已經完全聾了。貝多芬是殘疾人士嗎？他一生中大部分的時間，直到四十多歲之前都能聽到聲音，所以這也許不是一個很好的例子。

那麼於一九三〇年四月十日寫給美國航運公司馮貝克船長的一封信怎麼樣？船長之前帶領一位乘客參觀了艦橋，那天晚些時候，這位乘客對這次經歷寫下充滿詩意的文章：[20]

再一次，我和船長站在艦橋上，他在「百萬宇宙」面前安靜而沉著，擁有神一般的力量……在想像中，我看到船長站在艦橋上，凝視著寬闊的天空，看到黑暗中閃爍的星星、系統和星系。

那位乘客是海倫・凱勒（Helen Keller），一九〇四年畢業於拉德克里夫學院，她在十九個月大時就又聾又盲。

海倫・凱勒是殘疾人士嗎？

麥特・斯圖茨曼（Matt Stutzman）是一名冠軍弓箭手，他的射箭能力比大多數在比賽中使用弓箭的人還強，他也是一位汽車愛好者，不過他生來就沒有手臂，而是運用異常靈活的腿、腳和腳趾頭來進行射箭和修理汽車。[21]

麥特・斯圖茨曼是殘疾人士嗎？

哈曼尼・斯旺森（Jahmani Swanson）熱愛籃球，[22]但他的身高不夠高，無法在NBA打球，NBA球員的平均身高為一百九十八公分。儘管如此，哈曼尼仍然在比賽中繼續努力，表現也愈來愈好。二〇一七年，他被舉世聞名的哈林籃球隊

（Harlem Globetrotters）發掘，並在之後一直為這個球隊效力。他被隊員們暱稱為「熱門射手」（Hot Shot）斯旺森。斯旺森是一位成年男子，但身高只有一百三十五公分，他罹患了先天的侏儒症，這是一種阻礙長骨生長的遺傳疾病，但他也是哈林籃球隊中最受歡迎的球員之一。

哈曼尼・斯旺森是殘疾人士嗎？

天寶・葛蘭汀（Temple Grandin）和大多數人的思考模式不一樣。事實上，比起農民她更關心農場動物，這個有趣的事實讓她過起了畜牧業的生活，並讓她在最終獲得了伊利諾大學的動物科學博士學位。她發表了六十多篇研究論文和十幾本書，二〇一〇年，她榮登《時代》雜誌百大最具影響力的人物之一。[23] 在兩歲時，她的發育遲緩被醫生診斷為「腦損傷」。天寶・葛蘭汀患有自閉症，這是一種神經系統疾病，在她的案例中，她啟發並培養了對農場動物思維的獨特見解。

天寶・葛蘭汀是殘疾人士嗎？

物理學家史蒂芬・霍金（Stephen Hawking）在事業生涯的大部分時間裡，身體都派不上用場。他因緩慢、早發性的肌萎縮側索硬化症而癱瘓，這個疾病通常被簡稱為ALS或葛雷克氏症。與此同時，他的大腦還能用，並在黑洞的量子物理學和宇宙學方面取得了重大發現。一九八八年，他撰寫了《時間簡史》一書，這是有史以來最暢銷的科學書籍。他在機器輔助下進行閱讀和寫作，終其一生都在不斷地發表文章並保持著敏銳的幽默感，直到他於二〇一八年去世為止。[24]

史蒂芬．霍金是殘疾人士嗎？

奧利佛．薩克斯（Oliver Sacks）是一位著名的神經學家，他在自己的專業領域內開創了整個子領域。此外，他還是一位暢銷書作家，將人腦描述為宇宙中最不可思議的東西。他患有一種叫做「面部識別能力缺乏症」的神經疾病，俗稱為「臉盲症」，然而，他仍過著非常豐富的生活。儘管無法識別他人的面孔，但他仍能認出其他部分。有時，他甚至無法認出鏡子裡的自己。[25] 二〇一二年，在紐約市柯柏聯盟學院關於幻覺的講座結束後，我問他：「如果你能回到過去，你會希望在年輕時有一種靈丹妙藥可以治癒你的神經系統疾病嗎？」他毫不猶豫地回答：「不會。」他對人類思想的所有專業興趣都是受到自己大腦疾病的啟發，如果他的大腦很健全的話，或許就不會有這些啟發了。

奧利佛．薩克斯是殘疾人士嗎？

吉姆．亞伯特（Jim Abbott）一直希望成為職業棒球運動員，這是許多美國男孩的共同夢想。吉姆想成為大聯盟的投手，他成功進入大聯盟並為多支球隊效力，戰績時勝時敗。但在一九九三年九月四日，在為傳奇的紐約洋基隊效力時，他投出了一場「無安打」，那是整場比賽中沒有打擊手擊中任何球的狀況。在大聯盟二十二萬場比賽中，歷史上只出現大約三百二十場無安打，但事實上，吉姆．亞伯特由於先天性的缺陷，出生時就沒有右手。

吉姆．亞伯特是殘疾人士嗎？

貝多芬、海倫．凱勒、天寶．葛蘭汀、史蒂芬．霍金和奧利佛．薩克斯都有電影公司製作了以他們的人生為背景的電影，並由大牌演員演出。麥特．斯圖茨曼、哈曼尼．斯旺森和吉姆．亞伯特肯定是下一個。他們每個人都（或曾經）比地球上幾乎任何人更擅長自己的專業工作。

也許他們並不是突破了自身的殘疾而有所成就，而是因為殘疾才造就了他們的成就。

> 尼爾．德葛拉司．泰森
> @neiltyson
>
> 那些經常說學生不願意學習的教育家，或許該反過來問問自己，是否教學能力太差勁。
>
> 時間 2022 年 3 月 16 號，下午 6:27

這個概念沒有界限。比方說，如果你不需要斜坡道就能從街道到達人行道，但坐在輪椅上的人需要，而坐在輪椅上的人知道向量微積分而你不知道，我們是否應該將你的數學不夠好歸類為殘疾呢？是學生學習遲緩，還是老師無能？

不是藝術家的人會因為不會畫畫而被認為有殘疾嗎？當你不擅長一件事時，通常去嘗試其他事情就好。在一個自由的社會裡，有很多「其他事情」可以嘗試。更重要的是，去做你喜歡做的事，不要管別人怎麼勸阻你。面對那些試圖規範誰應該成功或不應該成功的人，成功給他們看就是了。這讓我想起了一句現代諺語：

聽不見音樂的人看到跳舞的人，會認為他們是瘋了。[26]

也許每個人都有某種程度的殘疾，如果是這樣，這也表示沒有一個人是真正有殘疾的。

——

作為一個物種，我們的思想如何衡量？我們大多數人都聽過一種觀念，即我們只使用了百分之十的大腦，這種說法可以追溯到一個多世紀以前，但這並不是事實，[27]只是我們內心深處希望如此才有這種說法。靈媒希望這是真的，他們就可以聲稱還有尚未開發的思想力量等待著我們所有人。老師也希望這是真的，這樣他們就可以激勵表現不佳的學生。我們其他人也希望這件事是真的，因為那能給我們帶來希望。腦部掃描顯示我們動用了超過百分之十的腦容量，但無論如何刺激，[28]

大腦的某些部分根本不會亮起，就像宇宙中的暗物質一樣。

人類無疑是地球生命之樹中有史以來最聰明的生物，我們的大腦消耗了身體百分之二十的能量，[29] 因此即使我們的生理學也重視這個器官。在我們尋找外星智慧的過程中，我們假設外星人至少是和我們一樣聰明的，然而一些簡單的事實應該迫使我們所有人停下來思考。是由誰評價人類是聰明的？人類自己，但那只是狂妄自大的人類的自以為是。讓我們繼續，我們比地球上第二聰明的生命物種——黑猩猩——聰明得多。然而，我們與牠們共享百分之九十八以上相同的ＤＮＡ，百分之二的差別有多大？我們有詩歌、哲學、藝術和太空望遠鏡，而最聰明的黑猩猩可能只是會把盒子堆疊起來，以便拿到懸掛在上方的香蕉，這是人類蹣跚學步的孩子都可以做到的事情。或者牠們可能會選擇合適的樹枝來從土堆中獲取美味的白蟻，那麼這百分之二的（小）差異如何解釋我們比黑猩猩擁有更高超的智慧呢？

也許我們各自智力的差異只有百分之二的ＤＮＡ差異所表現出來的那麼小，所有人都沒有想過這件事，因為我們只想投入精力來區分自己在動物界中的位置。生命之樹上充滿了比我們更優秀的動物，換句話說，如果夏季奧運會對所有種類的動物開放，我們應該會輸掉所有賽事。人類在「更快、更高、更強」這方面的能力在動物界中吊車尾。

有一件事是，我們在體力上比所有動物都好，我們可以跟蹤任何陸地動物到牠們筋疲力盡為止。早期人類的洞穴壁畫通常會描繪鹿、野牛和其他大型的草食性哺乳動物（包括長毛象）的獵人，每個物種都比我們強大，跑得比我們快，但牠們不能一直奔跑。我們身體的毛髮沒有一般動物多，這讓我們能有效地出汗並在追逐獵物時保持涼爽，而那些全身都是毛的獵物最終會因為身體過熱倒下。長矛也會有所幫助，可以縮短追逐獵物的時間，只要你的獵物是草食性動物，這種策略就非常有效。如果你跟蹤的是肉食性動物，牠就有可能會轉過身追著你跑，然後吃掉你，所以那些愛吃獅子肉的穴居人應該很快就絕種了。

儘管身體會出汗，但我們最好的資產是我們的大腦。是的，我們有巨大的哺乳動物大腦，但我們的腦並不是最大的。鯨魚、大象和海豚的腦都比我們的大，這有損我們的自尊。讓我們繼續努力探討，用腦重除以體重如何？形成腦重比，這樣一來就好多了。根據該指標對所有哺乳動物進行排名的話，人類是第一名，這讓我們自我感覺良好。

儘管我們透過種種不公平的手段來達成目的，還是會出現一些不受歡迎的異常現象，[30] 例如老鼠的大腦與體重的比例就可以與人類媲美，所以我們不會在這個列表中占壓倒性優勢。如果我們將所有脊椎動物，而不僅僅是哺乳動物包含在內，那麼我們就會輸給像鸚鵡這樣的小型鳥類和像烏鴉這樣的中型鳥類。在 YouTube 平台上，我們甚至還能看到一隻喜鵲在街上用瓶子喝水的影片，[31] 牠的喙只能到達水平面，所以每次啜飲後水位就會下降，然後喜鵲就會去找到一塊可以穿過瓶口的石頭把它扔進去，從而提高水位，這樣牠就可以繼續喝水了。在這個影片中，喜鵲重複了這個阿基米德的原理七次。幾個世紀和幾千年來，有一件事是肯定的，我們一直低估了其他動物的智慧，進一步證明了我們的自尊低落，所以才會在這些動物做出一些聰明舉動時感到震驚。

如果我們和所有動物都來進行大腦與體重的比拚，而不僅僅是脊椎動物，那麼螞蟻就會大獲全勝。平均而言，人類的大腦是我們體重的百分之二．五，但對於某些螞蟻物種來說，牠們的大腦接近體重的百分之十五。想到這點，我們不得不認為在意大腦容量的外星人造訪地球時，可能會先嘗試與螞蟻溝通，然後是鳥類，然後可能是鯨魚、大象、海豚，然後是老鼠，然後也許，只是也許，最後才會輪到人類。

真是令人尷尬。

但我們可以用自己令人印象深刻的智力來解決問題，並用對生的拇指來建造東西。毫無疑問，我們在這些類別中名列前茅，這讓我們回到了黑猩猩與人類的比較。假設外星生命的DNA與我們和黑猩猩的智能區別一樣，也只有百分之二的差異，在這個假設基礎上，如果最聰明的黑猩猩可以做人類幼兒可以做的事情，那麼最聰明的人類也可以做外星生命的幼兒可以做的事情。但其實外星人可能根本沒有DNA，但這並不會改變這個思想實驗。如果他們版本的靈長類動物學家也在尋找地球上最聰明的人會如何呢？他們可能在史蒂芬·霍金死前找到了他。如果是這樣，他們可能會在科學會議上將他推向前，並宣布這位教授可以在他的腦中進行天體物理學計算，就像他們幼兒園的孩子札達克也能做的一樣。札達克繼續向父母展示微積分基本定理的推論。他們會回答說：「哇，太可愛了。讓我們拿一塊磁鐵，把它貼在冰箱門上吧。」

對人類而言，就連這些成年外星人最簡單的想法都會超出我們的理解範圍。比方說對黑猩猩而言，「讓我們在上午十點三十分見面喝杯咖啡，並在季度報告向媒體公開之前討論」這句話，就包含了數個黑猩猩無法理解的概念。進一步思考，無論你有多不擅長「長除法」，都會比任何黑猩猩厲害得多。鑑於這些嚴峻的現實，外星人可能根本不會認為人類是聰明的，想像一下他們能夠產出的想法、發現和發明，事實上都是我們無法做到的。對他們來說，把箱子堆高去拿到香蕉，和設計與發射太空望遠鏡只有微不足道的區別。至於對那些比人類聰明百分之五或百分之十的生命形式而言，這個百分比愈大，我們在他們看來就愈像蟲子一樣。

可能還會更糟。

除了簡單的手勢，我們不知道如何與黑猩猩進行有意義的交流，我們甚至無法告訴牠們：「明天下午回來，我有一批新的香蕉給你。」綜觀我們為了讓腦容量大的哺乳動物聽令行事而花的功夫時，我們往往會透過牠們理解我們的能力來衡量牠們的智力，而不是透過理解牠們的能力來衡量我們的智力。由於我們無法與地球上的任何其他生命物種進行有意義的交流，即使是那些與我們基因最接近的生命也無法，那我們竟然認為可以在第一次見到聰明的外星生命時就能與他們交談，這想法非常大膽。

宇宙觀能讓人類不那麼狂妄自大，這樣做有充分的理由，但問題仍然存在，我們在宇宙的智慧生命形式中是否占有一席之地？我們是否擁有足夠的智慧來回答自己提出的宇宙問題？我們是否擁有足夠的智慧，甚至知道要問什麼問題？

——

這會讓我們何去何從？心智能理解大腦是如何運作的嗎？以同樣的標準，宇宙能創造出比宇宙本身更複雜、更有能力、更好的東西嗎？我經常為這個想法失眠。我們經常佩服人類大腦的複雜性，它所包含的神經元數量可以與銀河系中的恆星數量相媲美。[32]我們擁有驚人的理性和思考能力，我們的額葉賦予我們進階的抽象推理能力。然而，我們製造出來的電腦卻幾乎能在我們為自己設計的每種腦力競賽中贏過我們——你知道包含了各種競賽，那是個漫長的名單，也是個屈辱的過程。

現在又增加了一項，可以在〇・二五秒[33]內解開魔術方塊的電腦，當然我是絕對比不上，但我在從未看過任何解法前，個人最好的成績是七十六秒，比電腦慢上三百倍。電腦很快就會取代我們駕駛，而且速度更快、效率更高，交通事故死亡人數也會愈來愈少，目前在美國每年有三萬六千人死於車禍，全球有一百三十萬人死於車禍。[34]所以不管宇宙是否能製造出比自己本身更複雜的東西，至少人類已經設法製造出比自己更有能力的東西，而我們才剛剛開始。

如果一個有電流通過的矽晶片就能夠在很多方面勝過我們的大腦，那麼也許我們是高估了自己的思考能力。這不奇怪。我們喜歡給自己高度的評價。進一步考慮，我們之間有許多成熟的、受過教育的人會害怕數字十三，他們確信地球是平的，並且將他們生活中的不幸事件歸咎於水星逆行。不僅如此，引入（或從）大腦中去除的簡單化學物質，極大地破壞了我們對客觀現實的看法。如果不是現在，那麼很快，隨著電腦能力的不斷提高，我們肯定會在影片宇宙中模擬出一個比我們所能想像的更理性的自己，只有優點，沒有缺點的人類。

有人可能會問，我們現在是否生活在這樣的模擬環境中？可以這樣推論：在一個真實宇宙中的智慧生命演化，並發明了強大的電腦來編寫出非常真實的智慧生命，這些生命形式擁有自由意志，因此不覺得自己是被模擬的。而這些生命形式又演化到足以發明出自己的強大電腦，並繼續編程出非常真實的生命形式，真實到他們也不知道自己是被模擬的。這個模式可以一直進行下去。如果你遮住眼睛扔飛鏢，那麼擊中模擬宇宙的可能性要遠高於最初的真實宇宙。因此，我們很有可能就是生活在模擬的世界中。是的，這就是推論的方式。然而，仔細想想，一台有目的地設計的電腦不太可能具備我們在人類歷史上所表現出的所有愚蠢和非理性的行為，電腦應該會做得更好才對。所以這可能是我們並非生活在模擬世界中的最好證據，這是我提出的「智商障礙辯護」（inanity defense）*。

*註：作者故意用 inanity（愚蠢）惡搞 insanity（瘋狂），本意為精神障礙辯護。

終章

生與死

用天真的眼光來看，看著胎兒在子宮內生長並從另一個人的下身跑出來，這與外星人及其想像的生理學相吻合。除非你是一名婦產科醫生或助產士，否則一般人是很難有機會看到這樣的事情。全世界平均每秒鐘有四名嬰兒誕生，[1]每一次誕生，都會有一股新的意識進入到這個世界上，且拜現代醫學的進步所賜，每個人的預期壽命也不斷增長。另一個罕見於我們一般人的日常、但其實不斷在發生的事情是死亡。除非你是急診室的護士、法醫或武裝衝突中的現役士兵，否則你一生中可能只會目睹三、四個人的死亡，然而全世界每年有六千萬人死亡，平均每秒鐘有兩個人死亡。[2]

和一九〇〇年的人們相比，我們今日的壽命是他們的兩倍，[3]只要走過一排排古老的墓園並計算一下就能知道，每塊墓碑上銘刻的出生和死亡日期，無聲地見證了過去年代較短的預期壽命。你會很高興自己是活在今天，而不是過去的任何時候。但在一、兩百年後，那些參觀我們墓園的人會不會也對我們有同樣的看法，同情我們的平均壽命竟然只有八十歲？他們到時候的壽命會長到足以在遙遠的行星和恆星之間旅行嗎？

假設我們可以長生不老。

活著總比死了好。雖然很多時候我們都認為活著是理所當然的事情，但問題是如果能夠長生不老，你願意嗎？長生不老就是擁有世界上所有的時間來做任何想做的事情。如果你願意，甚至可以在世代星艦（generation starship）上發動叛亂並返回地球，聽起來似乎是個迷人的想法，但也許正是因為我們會死亡才讓我們更加關注活著的時刻。如果你永遠都不會死，那還有什麼好急的？可以拖到明天才做的事，為什麼一定要今天做？或許沒有比長生不老更讓人失去生活動力的事情了。知道自己有一天會死，這件事本身也可能是一種力量，會帶給你實現目標的衝動，並且會讓我們即時表達愛和情感。從數學上來講，如果死亡賦予生命意義，那麼永生就是過著毫無意義的生活。

基於這些原因，死亡對我們的心理狀態來說可能比我們願意承認的更重要。如果你要送給親愛的人一束色彩鮮豔的花，而這些鮮花是用塑膠甚至是絲綢製成的，那麼肯定不會比真花更受歡迎。永遠不會枯萎的花就沒有意義了，因為我們就是喜歡在花束中尋求每朵花日益美麗，看著這些花朵在白晝的光線下一朵朵展開的樣子。我們被花朵不可抗拒的香氣所吸引，我們適當地照顧和餵養這些花朵，當花莖開始變得脆弱時，我們擁抱其衰老，無法再承受褪色花瓣的重量。花店之所以能繼續營業是因為鮮花會凋零，通常是在收到鮮花後一週內，這正是讓鮮花對你所愛的人有意義的原因。相比之下，永遠不會枯萎的花不需要照顧，永遠不會凋謝，沒有香氣，但可以在一週、一個月或一年後仍保持美麗，只是會堆積很多灰塵。

另外一個例子是小狗，這些寵物也傳達了類似的故事。你是否注意過小狗們能有多熱情？狗會跳到你身上，舔你的臉，會追逐並取回你扔出去的東西。當你回到家時，牠們會欣喜若狂，即使你只是去信箱拿個信就回來了。牠們喜歡你和牠們待在一起的每一分鐘，對於大多數的狗來說，每一天都很重要。人類的壽命大約是狗的七倍，[4] 狗的年紀就是這麼計算的，將你的狗的實際年齡乘以七，就是牠與人類相同的年齡。按照這個比例來算，狗的一天就是人類的一週，或許這就是牠們每天看到你都很開心的原因。就像壁爐架上的花朵，你每天經過時總會注意到並微笑。如果你的家人在你小時候帶了一隻小狗回家，你會看著牠長大、變老並在你上高中或大學時死亡，你肯定還記得那些日子。

——

不是所有事物都是因為變老而死亡。我們所有人都有一種錯覺，認為大自然是一個培育和保護其所有生命形式的存在，但事實上，地球是一個巨大的殺戮機器。撇開所有能很快奪走生命的氣候和地質的力量，例如乾旱、洪水、颶風、龍捲風、地震、海嘯和火山爆發不談，想吸你的血、在你身體注射毒液、感染你的生理機能或者乾脆吃掉你的生物到處都是。

宇宙也想殺掉你。

地球生命時間線上的六次滅絕事件中至少有一次，距今六千六百萬年前的白堊紀－第三紀（K－T）事件，[5] 部分或全部是由一顆聖母峰大小的異常小行星撞擊引發的。[6] 當時還沒有太空計畫能轉移這個小行星的撞擊，那天對恐龍來說是糟糕的一天，對於陸地和海洋中百分之七十的物種來說也是糟糕的一天，那些物種也都滅絕了。如果你認為這很糟糕，在二．五億年前稱為二疊紀－三疊紀大滅絕期間，地球上的生命更是幾乎完全覆滅。[7]

現代人類對自然的破壞讓大自然憤怒，我們對原始生態系統的侵占導致物種滅絕的速度高達自然發生速度的一千倍。[8] 地質學家已經確定了地球生物圈開始產生劇變的年代，那是一萬一千七百年前從農業誕生開始到今日為止，他們稱之為「全新世」（Holocene Epoch）的年代。

在地球上曾經生活過的所有物種中，百分之九十九．九九的物種已經滅絕。[9] 誰知道世界上有哪些生物多樣性奇觀是因為缺乏運氣、力量或求生意志而死去的？

——

假設我們確實能長生不老，就會出現一個實際的問題：如果每個出生的人都不會死亡，如果人們繼續生孩子，地球上的人口將迅速超過足以支持人類生活的資源，因此我們必須尋找另一個星球來容納這些必須呼吸空氣的過剩人類，我們永遠會需要更多的行星，但宇宙相當廣袤，僅僅在我們銀河系的一小部分，就已經發現了五千顆已知的系外行星。我們只需要發明將外星環境地球化的技術，和曲速引擎或蟲洞傳輸系統就沒有問題了。

我們想要永遠活著是因為害怕死亡。我們害怕死亡是因為我們生來就只知道生命。然而，我們從不擔心沒有機會出生。雖然活著肯定比死了好，但活著更比從不存在好。從古至今的宗教對死後發生的事情提供了詳細的說明，對某些人來說，那包括了你出生之前發生的事情，輪迴的基本原則。科學對於北歐神話、極樂世界、冥界、天堂、地獄或祖先的靈魂並沒有太多的看法，然而科學的方法和工具確實對你死後會發生什麼事情能做出冷漠和具體的陳述。你一生都在進食，食物會為你的身體提供卡路里，卡路里只是一個能量單位，你的身體會從這些卡路里中產生熱量，使你的體溫保持在接近攝氏三十七度左右，即使周圍沒有其他東西會變得那麼熱。從生物學上來說，人類需要在那個溫度下才能運作，醒著時需要精力來走路、說話和做事，什麼都不做時也需要能量，這些是我們吃東西的主要原因。

當你死亡的那一刻，就會停止代謝卡路里，身體會慢慢下降到室溫。在葬禮上，如果你觸摸棺木裡的人，通常是交叉著手臂露出的手，你會立即意識到遺體是冰冷的。即使在室溫下，與仍在燃燒能量的活人的手相比，遺體的溫度也是冰冷的。

大多數生物分子都含有能量，當某人被火化時也代表分子被燃燒，能量會以熱量的形式逸出，使火葬場煙囪的空氣變暖，然後以紅外線光子的形式以光速輻射到地球大氣中，最終進入太空。聽起來有種病態的浪漫。但當我死的時候，我寧願被埋葬。我穿越太空真空的紅外線能量，在任何時候對任何人或任何事物來說都毫無用處，但把我埋在地底下時，蠕蟲和微生物會在我的肉體進進出出，讓植物和真菌界的根系從我的身體中汲取營養。我一生中透過消耗地球上的動植物而累積的分子能量將回歸到土地上，繼續生物圈的生命週期。

沒有證據能證明死後仍然能體驗到活著時的相同意識，那些源自於電化學反應，驅動著你所有思考、感受和對宇宙的感知。而平時在磁振造影下閃亮亮的大腦，此時卻因缺氧而黯淡無光。我們知道你正在消失，因為經歷了一系列最終致命的打擊的人會悲慘地、系統性地失去身心功能，並且進入不存在的狀態。這聽起來並沒有那麼奇怪。在你被孕育出來之前，你有意識嗎？你有抱怨：「我在哪裡？我怎麼不在地球上」嗎？不，你根本就不存在，若有幸出生，你會先進入出生前的不存在狀態；死亡後，也將進入不存在狀態。

——

宗教通常會認為生命是無價的，但經濟學家則是毫不猶豫地計算出你死後的價值。多年來，侵權法庭一直是透過許多方法這樣做的。[10] 當由於他人的疏忽導致你失去生命或造成永久殘疾，並且無法再維持生計時，就會有人簡單估算出你未來的可能收入。

另一種計算方式[11] 是支付高額的報酬來讓人們從事危險的工作，這個報酬遠高於沒有生命風險的工作。如果你想每年多賺四百美元來從事那一年有兩萬五千分之一的死亡機率的工作，那麼不管你是否想過，其實就是把自己生命的價值訂在四百美元乘以兩萬五千，等於一千萬美元。

在另一種計算中，我們可以改為評估你對文明的債務。從出生到你開始從事第一份全職工作，無論是高中或大學畢業後，你的家人、位居城市、州和國家一直在為你投資，每位孩子都需要食物、尿布和住所，根據環境優渥的程度狀況會有所差異。如果你上昂貴的日托、請了保姆或家教、或上私立學校，這金額加起來每位孩子可能需要一百萬美元以上。所以讓我們來看看一個有兩位孩子的中等收入家庭的估算，總共需要二十三萬三千美元[12]來撫養一個從出生到十八歲的孩子，如果進州立大學就讀四年就要再增加十萬美元，私立大學的費用更是要加倍。那一刻，如果你死了，別人投資在你身上和你的未來的數十萬美元就全白費了，所有獲得該投資回報的機會也會消失。然而，那正是你應徵入伍的年齡。越戰是最後一場徵兵戰爭，在五萬八千名喪生的美國人中，百分之六十一為二十一歲或以下的年輕人，[13]這些被殺害的三萬五千人，正是他們將開始對國家經濟進行回報的時候。軍事鷹派人士會說，他們在戰爭中犧牲生命就是對國家的最終回報。如果活著總是比死好的話，那麼最終的回報指的應該是不惜一切代價，不因持有不同的世界觀而互相殘殺，確保每個人都能健康長壽才對。

考慮到人類通常是在人類最親密的情感行為中孕育出來的，然後我們在子宮內被呵護了九個月，再被哺乳十二個月，並且在蹣跚學步的歲月裡需要持續的被照顧。之後，人類進入小學學習閱讀、寫作和算術。在中學和高中，我們還會學習生物、化學或物理學。我們閱讀文學作品，學習歷史和藝術，甚至可能參加體育運動，終生的友誼就源於這些活動。我們可能也會去學習世界各地其他人說的語言，參與現代社會中保留的所有季節性儀式，作為將我們聚集在一起的約束力。然後我們迎來了成年期，二十一年過去了，地球以每秒三十公里的速度繞太陽運行了二十一圈，總距離為兩百億公里。

——

一直以來，人類都在發明、改進和完善地雷、突擊步槍、導彈和炸彈等殺傷性武器，任何一種武器都可以在瞬間結束生命。一瞬間有多長？高初速步槍的子彈以三倍音速移動，在你聽到武器開火的聲音前，就可以在不到萬分之四秒的時間內穿過你的胸部，刺穿你的心臟，然後從你的背部射出。對任何尺寸的炸彈而言，它所造成的傷害大部分都是來自於衝擊波，快速膨脹的空氣力量到達你站立的地方，可以在千分之一秒內將你的身體炸開。一個人也可能因為意外或不幸的疾病而過早死亡，但我們發明這些武器的唯一目的是在瞬間殺死其他人類，我們自己的同類。自史前文明時代以來，戰爭對人類生活造成了驚人且悲慘的損失，然而即使不包括有組織的武裝衝突，人類也有理由以每年超過四十萬人的速度殺害其他人。是的，每天在全世界有超過一千次的兇殺案發生。

儘管有這些大屠殺的發生，但對人類而言，人類本身並不是最致命的動物，也不是獅子、老虎、熊、毒蛇或鯊魚等看似危險的動物。對人類而言，最危險的生物其實是蚊子，也就是茲卡病毒和登革熱病毒的攜帶者，尤其是寄生蟲瘧疾，每年會造成超過五十萬人死亡，[14] 其中主要是幼兒。再一次證明大自然是最致命的。

——

你知道——你真的知道——生命有多寶貴嗎？

曾經出生的總人數約為一千億，然而能夠製作出各種版本的我們的遺傳密碼至少有十的三十次方種變異。[15]這個天文數字是一個一後面跟著三十個〇，提供了無數個可能的靈魂，透過這些變異最終產生了你，或你的雙胞胎。但這不會很快發生。到目前為止，生命之樹的分支產生了不超過所有可能人類的百分之〇．〇〇〇〇〇〇〇〇〇〇〇〇〇〇〇〇〇一，這迫使我們得出這樣的結論，即大多數可能存在的人甚至永遠不會被孕育出來，[16]我們每個人基於各種實際的理由，都是獨一無二地存在於宇宙中，現在是如此，未來也永遠是如此。

活著的每一天，每一個清醒的時刻都值得慶祝。一路走來，我們有幸在這個世界上活過這麼一遭，何不努力讓今天的世界比昨天更美好呢？在我臨終之際，我會很遺憾錯過集結眾人類智慧所產生的聰明發明和發現。假設促進這些進步的系統能保持完好的話，便是我此生推動科學和技術持續成長的動力。我還想知道文明社會的進步曲線，縱然跌宕起伏，是否會持續進步，並因此回報任何曾因人性而受迫，選擇訪問未來而非過去的時間旅行者。

在我死後，會錯過孩子們的成年生活，但這不是悲劇，只是對自然和正常事物的自私嚮往。我本來就應該比他們先離開這個人世，真正的悲劇是你的孩子比自己先走。這是身為軍眷的人再熟悉不過的事情，他們的兒女、兄弟、姐妹都可能被迫在戰爭中失去生命。

——

總的來說，我並不怕死，我反而擔心在我有生之年，沒有充分發揮潛力以取得更多的成就。以下是一位十九世紀教育家賀拉斯・曼（Horace Mann）的墓誌銘：[17]

> 我懇求你把我這些離別的話珍藏在心裡。
> 在為人類贏得一些勝利之前，要以死為恥。

我們保持向上看的原始衝動肯定大於不斷互相殘殺的原始衝動，若是如此，透過宛如駛向宇宙的雙輪馬車般的好奇心與驚奇，我們定會不斷收到來自星際的訊息。這些發現將促使在地球上短暫生活的我們，成為更好的文明牧羊人。是的，生命比逝去來得好，活著也比從未出生好。但我們每個人都是在中獎率很小的機率下誕生到這個世界上，生命就像中了彩券，但只有一次。我們可以動用自己的理性能力來弄清楚世界是如何運作的，但我們也可以聞到花香、沐浴在神聖的日落和日出中，並深深凝視著其懷抱的夜空。我們在這個光榮的宇宙中生活，並在最終死去。

致謝

對於囊括這麼大範圍的本書來說，我必須感謝許多閱讀早期（和晚期）草稿並提供出自他們熱情、興趣和專業知識的評論者：我的美國自然史博物館同事 Ian Tattersall（古人類學家）和 Steven Soter（天體物理學家）提供了有價值的見解，讓我能更深入地處理一些主題。我的朋友 Gregg Borri（律師和軍事歷史學家）、Jeff Kovach（投資者）、Paul Gamble（前海軍軍法署署長和法官）、Ed Conrad（保守派經濟學家）、Erin Isikoff（中世紀小說家）、Heather Berlin（神經學家）和 Irwin Redlener（醫師和公共衛生活動家）各自提供了有助於本書相關主題的專業知識，我很榮幸有這麼多專業人士在身旁提供協助。還有兩位新朋友 Magatte Wade（文化企業家）和 Nicholas Christakis（社會學家）也提供了他們的見解，為我的論點提供訊息並強化了這些論點。

我的哥哥 Stephen Tyson Sr.（藝術家和哲學家）也為本書貢獻了真與美，就像每個優秀的藝術家會做的那樣。我的女兒 Miranda Tyson（社會正義教育家）和兒子 Travis Tyson（大四學生）都明確表示，我對於拓展他們的世界觀有十分大的幫助，書中的許多段落將在他們未來都十分受用。我的嫂子 Gretchel Hathaway（多元共融文化專家）提出了一些她自己發人深省的見解。表弟 Greg Springer（自由主義者與南德州牧場主人）讓我知道應該更加嚴格地去討論某些觀點。外甥女 Lauryn Vosburgh（健康顧問）是一位新時代理性主義者，也是我通往那個思想世界的渠道。Tamsen Maloy（前摩門教徒和終身素食主義者）幫助我充實了我在處理過程中所忽略的各種主題。喜劇演員 Chuck Nice 提供了我一些幽默風趣的敘述方式，讓讀者在閱讀時能偶爾會心一笑。我的妻子 Alice Young（數學物理學家）是位在各方面都十分聰明的女性，她在我最需要和最沒考慮到的地方提供了有用和有見解的評論。

我還要感謝本書的荷蘭語翻譯家 Jan Willem Nienhuys，他從以前的書中了解到我的作品。他精通數學、物理和天文學，並設法抓出了我和其他十幾位專家都錯失的遺漏和錯誤。

本書中並非所有的分析數據都來自網路，有些看似簡單的數量來自大量的數據編纂。為此，我必須感謝研究員 Leslie Mullen 從無生命的數據中提取充滿活力的知識。

我還要感謝朋友 Rick Armstrong 介紹我與 Edgar Mitchell（阿波羅十四號太空人）的女兒 Kimberly Mitchell 認識，很高興我們現在成為了朋友，她對世界的貢獻不亞於她的父親。Edgar Mitchell 對本書開頭的引言是貫穿整本書的主題。

我也對 Henry Holt & Company 對出版這本書的熱情感到喜悅，尤其要感謝 Tim Duggan（執行編輯）、Sarah Crichton（主編）和 Amy Einhorn（發行人）。我在這本書中想表達的意見和他們對這本書的期待擁有高度共鳴。

最後我要感謝 Betsy Lerner（詩人、文學經紀人）在這三十年來一直支持我的作品。她協助我總結了本書所有章節的內容，在語氣和流暢度方面提供建議，同時在整個過程中發揮她高度的文字感受力。

獻詞

1 Joseph P. Fried,” Cyril D. Tyson Dies at 89: Fought Poverty in a Turbulent Era,” New York Times, December 30, 2016, accessed January 19, 2022,https://www.nytimes.com/2016/12/30/nyregion/cyril-degrasse-tyson-dead.html

序曲：科學與社會

1 Michael Shermer, The Believing Brain (New York: Times Books, 2011).

2 A. I. Sabra, ed., The Optics of Ibn al-Haytham, Books I–III: On Direct Vision, Arabic text, edited and with introduction, Arabic-Latin glossaries, and concordance tables (Kuwait: National Council for Culture, Arts and Letters, 1983).

3 The Notebooks of Leonardo da Vinci, vol. 2, trans. John Paul Richter, chapter XIX: Philosophical Maxims. Morals. Polemics and Speculations. II. Morals; On Foolishness and Ignorance. Maxim no. 1180 (New York:Dover, 1970), 283–311, accessed March 19, 2022,https://en.m.wikisource.org/wiki/The_Notebooks_of_Leonardo_Da_Vinci/XIX

01 真與美：生活和宇宙中的美學

1 1. John Keats, "Ode on a Grecian Urn," accessed March 1, 2022, https://www.poetryfoundation.org/poems/44477/ode-on-a-grecian-urn

2 John 14:6, King James Version.

3 作者根據月球的相位、其方向和相對於金星在天空中的高度，確定了日期和時間。

4 Clifford M. Yeary", God Speaks to Us on Tops of Mountains," Catholic Diocese of Little Rock (website), April 26, 2014, accessed October 30, 2021, https://www.dolr.org/article/god-speaks-us-tops-mountains

5 Dave Roos, "Human Sacrifice: Why the Aztecs Practiced This Gory Ritual," History, October 11, 2018, accessed October 30, 2021, https://www.history.com/news/aztec-human-sacrifice-religion

6 Paul Simons, "The Origin of Cloud 9," The Times (London), September 6, 2016, accessed October 30, 2021, https://www.thetimes.co.uk/article/weather-eye-7ftq5tvd2

7 天體物理學領域包含許多目錄，其中包括：PSR：射電脈衝星（脈衝星）；NGC：新總星雲和恆星簇目錄；IC：星雲和恆星簇索引目錄即 NGC 的擴展。

8 StarTalk Radio, "Decoding Science and Politics with Bill Clinton," November 6, 2015, accessed October 30,2021, https://www.startalkradio.net/show/decoding-science-and-politics-with-bill-clinton/

9 National Geographic Society Resource Library," Biodiversity," accessed October 30, 2021, https://www.nationalgeographic.org/encyclopedia/biodiversity/

10 Hannah Ritchie and Max Roser, "Extinctions," Our World in Data, accessed October 30, 2021, https://

ourworldindata.org/extinctions

11 這不是錯別字。鮮為人知的事實是，閃電可見的亮光是由地面向雲層移動，而不是相反的方向。

12 Joyce Kilmer," Trees," Oatridge, accessed November 2, 2021,https://www.oatridge.co.uk/poems/j/joyce-kilmer-trees.php

02 探索與發現：兩者在文明塑造之時的價值

1 Simon Mundy," India Critics Push Back Against Modi' s Space Programme Plans," Financial Times, August 27, 2018, accessed July 11, 2021, https://www.ft.com/content/edeb1846-a691%E2%80%9311e8%E2%80%938ecf-a7ae1beff35b

2 " Poverty in India: Facts and Figures on the Daily Struggle for Survival," SOS Children' s Villages, accessed July 11, 2021, https://www.soschildrensvillages.ca/news/poverty-in-india-602

3 T. S. Eliot, "Little Gidding," Four Quartets, 1942, accessed July 8, 2020, http://www.columbia.edu/itc/history/winter/w3206/edit/tseliotlittlegidding.html

4 " Columbus Reports on His First Voyage, 1493," Gilder Lehrman Institute of American History, accessed July 9, 2021, https://www.gilderlehrman.org/history-resources/spotlight-primary-source/columbus-reports-his-first-voyage-1493

5 Neil deGrasse Tyson, "Paths to Discovery," in The Columbia History of the 20th Century, edited by Richard

Bulliet (New York: Columbia University Press, 2000), 461.

6 Daniele Fanelli and Vincent Larivière, "Researchers' Individual Publication Rate Has Not Increased in a Century," PLOS ONE 11, no. 3 (March 9, 2016), accessed July 10, 2021,https://journals.plos.org/plosone/article?id=10.1371/journal.pone.0149504

7 " US Patent Statistics Chart Calendar Years 1963–2020," US Patent and Trademark Office, accessed July 19, 2021, https://www.uspto.gov/web/offices/ac/ido/oeip/taf/usstat.htm

8 " History of the Bicycle: A Timeline," Joukowsky Institute for Archaeology and the Ancient World, Brown University, accessed July 8, 2021, https://www.brown.edu/Departments/JoukowskyInstitute/courses/13things/7083.html.

9 " Italians Establish Two Flight Marks," New York Times, June 3, 1930.

10 作者的圖書館中的一封原始信件。

11 Hans M. Kristensen and Matt Korda, "Status of World Nuclear Forces," Federation of American Scientists,accessed July 9, 2021, https://fas.org/issues/nuclear-weapons/status-world-nuclear-forces/

12 Neel Burton, "When Homosexuality Stopped Being a Mental Disorder," Psychology Today, September 18, 2015, accessed September 8, 2021, https://www.psychologytoday.com/us/blog/hide-and-seek/201509/when-homosexuality-stopped-being-mental-disorder

13 這段敘述是基於 2005 年在洛杉磯舉辦的行星學會 25 週年慶典上，透過口述所傳達的。

14 Ecclesiastes 1:9, King James Version.

03 地球與月球‥宇宙視角

1 Mike Massimino, Spaceman: An Astronaut's Unlikely Journey to Unlock the Secrets of the Universe (New York: Crown/Archetype, 2016).

2 Worldometer, “GDP per Capita,” accessed July 8, 2021, https://www.worldometers.info/gdp/gdp-per-capita/

3 Alice George,” How Apollo 8 ‘Saved 1968’ ,” Smithsonian, December 11, 2018, accessed July 6, 2021, https://www.smithsonianmag.com/smithsonian-institution/how-apollo-8-saved-1968-180970991/; Kelli Mars, ed.,” Dec. 27, 1968: Apollo 8 Returns from the Moon,” NASA, last updated December 27, 2019, accessed July 6, 2021, https://www.nasa.gov/feature/50-years-ago-apollo-8-returns-from-the-moon

4 Christine Mai-Duc, “The 1969 Santa Barbara Oil Spill That Changed Oil and Gas Exploration Forever,” Los Angeles Times, May 20, 2015, accessed March 28, 2022, https://www.latimes.com/local/lanow/la-me-ln-santabarbara-oil-spill-1969-20150520-htmlstory.html

5 Jerry M. Lewis and Thomas R. Hensley,” The May 4 Shootings at Kent State University: The Search for Historical Accuracy,” Kent State University, accessed July 6, 2021, https://www.kent.edu/may-4-historical-accuracy

6 “About Us: The History of Earth Day,” Earth Day (website), accessed July 6, 2021, https://www.earthday.org/history/

7 “Earth Day,” Wikipedia, accessed July 6, 2021, https://en.wikipedia.org/wiki/Earth_Day

8 Water and Power Associates,” Smog in Early Los Angeles,” accessed July 6, 2021, https://waterandpower.org/museum/Smog in Early Los Angeles.html

9 Use of Pesticides: A Report of the President’ s Science Advisory Committee, President’ s Science Advisory Committee, May 1963 Restoring the Quality of Our Environment: A Report of the Environmental Pollution Panel President’ s Science Advisory Committee, President’ s Science Advisory Committee, November 1965 Report of the Committee on Persistent Pesticides: Division of Biology and Agriculture, National Research Council to the Agriculture Department, National Research Council, May 1969 Report of the Secretary’ s Commission on Pesticides and Their Relationship to Environmental Health, US Department of Health, Education, and Welfare, December 1969

10 “ Mississippi River Oil Spill (1962–63),” Wikipedia, accessed September 16, 2021, https://en.wikipedia.org/wiki/Mississippi_River_oil_spill_(1962–63)

11 Revelation 6:12, King James Version

12 Revelation 6:13, King James Version

13 Story recounted by Lincoln’ s friend Walt Whitman, and discussed by Donald W. Olson and Laurie E. Jasinski” , Abe Lincoln and the Leonids,” Sky & Telescope (November 1999): 34–35

14 Carl Sagan, Pale Blue Dot: A Vision of the Human Future in Space (New York: Random House, 1994)

04 衝突與化解：所有人內在的部落力量

1 Eli J. Finkel et al.,” Political Sectarianism in America,” Science 370, no. 6516 (October 30,2020): 533, accessed December 19, 2021, https://pcl.sites.stanford.edu/sites/g/files/sbiybj22066/files/media/file/finkel-

science-political.pdf.

2 Neil deGrasse Tyson and Avis Lang, Accessory to War: The Unspoken Alliance Between Astrophysics and the Military (New York: W. W. Norton, 2018).

3 " Did We Hit the Wrong Planet?" JF Ptak Science Books (blog), accessed July 2,2021, https://longstreet.typepad.com/thesciencebookstore/2013/08/did-we-hit-the-wrong-planet-w-vonbraun-1956.html.

4 " V-2 Rocket," Wikipedia, accessed July 2, 2021, https://en.wikipedia.org/wiki/V-2_rocket#Targets.

5 K. Jun Tong and William von Hippel," Sexual Selection, History, and the Evolution of Tribalism," Psychological Inquiry 31, no. 1 (2020): 23–25.

6 Final Report of the Commission on the Future of the United States Aerospace Industry, Commission on the Future of the United States, accessed September 16, 2021, https://www.haydenplanetarium.org/tyson/media/pdf/AeroCommissionFinalReport.pdf.

7 " The Flight of Apollo-Soyuz," NASA, accessed July 20, 2021, https://history.nasa.gov/apollo/apsoyhist.html.

8 National Center for Health Statistics," Percent of Babies Born to Unmarried Mothers by State," Centers for Disease Control and Prevention, accessed June 30, 2021, https://www.cdc.gov/nchs/pressroom/sosmap/unmarried/unmarried.htm

9 " 2000 Presidential Election, 270 to Win," accessed June 30, 2021, https://www.270towin.com/2000_Election/

10 Nathan McAlone," A Chart Made from the Leaked Ashley Madison Data Reveals Which States in the US Like to Cheat the Most," Insider, August 20, 2015, accessed June 30, 2021, https://www.businessinsider.com/ashley-madison-leak-reveals-which-states-like-to-cheat-the-most-2015-8

11 Report of 2018 Permanent Platform & Resolutions Committee, Republican Party of Texas, accessed December 18, 2021, https://www.texasgop.org/wp-content/uploads/2018/06/PLATFORM-for-voting.pdf

12 Brandon Mulder," Fact-Check: Is the Texas Oil and Gas Industry 35% of the State Economy?," Austin American-Statesman, accessed December 18, 2021, https://www.statesman.com/story/news/politics/politifact/2020/12/22/fact-check-texas-oil-and-gas-industry-35-state-economy/4010022001/

13 Report of 2020 Platform & Resolutions Committee, Republican Party of Texas, accessed December 18, 2021,https://drive.google.com/file/d/1HFTbz1vb6KSqwu9Rjv4zxc-85q14XzhZ/view

14 FYI: 這個數字已經增加到自2019年以來發表的所有關於氣候變化的研究論文中的100%; see James Powell, "Scientists Reach 100% Consensus on Anthropogenic Global Warming," Bulletin of Science,Technology & Society 37, no. 4 (November 20, 2019), accessed July 16, 2021, https://journals.sagepub.com/doi/10.1177/0270467619886266

15 Green Party," Green New Deal," accessed January 1, 2022, https://www.gp.org/green_new_deal

16 Cary Funk, Greg Smith, and David Masci, "How Many Creationists Are There in America?," Observations (Scientific American blog), February 12, 2019, accessed June 29, 2021, https://blogs.scientificamerican.com/observations/how-many-creationists-are-there-in-america/

17 Pan American Health Organization, "Measles Elimination in the Americas," accessed June 30, 2021, https://www3.paho.org/hq/index.php?option=com_content&view=article&id=12526:measles-elimination-in-theamericas

18 " Measles Resurgence in the United States," Wikipedia, accessed June 30, 2021, https://en.wikipedia.org/wiki/Measles_resurgence_in_the_United_States#Local_outbreaks

19 Jan Hoffman, "Faith, Freedom, Fear: Rural America' s Covid Vaccine Skeptics," New York Times, April 30,2021, accessed June 30, 2021, https://www.nytimes.com/2021/04/30/health/covid-vaccine-hesitancy-white-republican.html

20 Monmouth University Polling Institute, "Public Satisfied with Vaccine Rollout, but 1 in 4 Still Unwilling to Get It," March 8, 2021, accessed June 30, 2021, https://www.monmouth.edu/polling-institute/reports/monmouthpoll_us_030821/

21 StarTalk Radio, "Vaccine Science," accessed September 8, 2021, https://www.youtube.com/watch?v=fOOBUixiiac

22 Seth Brown, "Alex Jones' s Media Empire Is a Machine Built to Sell Snake-Oil Diet Supplements," Intelligencer, May 4, 2017, accessed September 16, 2021, https://nymag.com/intelligencer/2017/05/how-does-alex-jones-make-money.html

23 Historical Tables, Budget of the United States Government, Fiscal Year 2022, Table 9.8, "Composition of Outlays for the Conduct of Research and Development: 1949–2022," accessed January 2, 2022, https://www.whitehouse.gov/wp-content/uploads/2021/05/hist09z8fy22.xlsx

24 National Museum of African American History and Culture," 5 Things to Know: HBCU Edition," October 1,2019, accessed June 2, 2022, https://nmaahc.si.edu/explore/stories/5-things-know-hbcu-edition

25 Charles Seguin and David Rigby," National Crimes: A New National Data Set of Lynchings in the United States, 1883 to 1941," Socius: Sociological Research for a Dynamic World 5 (January 1, 2019), accessed September 16, 2021, https://journals.sagepub.com/doi/full/10.1177/2378023119841780

26 United States Senate, "Supreme Court Nominations (1789–Present)," United States Senate, accessed April 3, 2022, https://www.senate.gov/legislative/nominations/SupremeCourtNominations1789present.htm

27 在2020年的美國總統大選中，麻薩諸塞州的所有郡都投票支持民主黨候選人，即投票「藍色」。Politico, "Massachusetts Presidential Results," accessed April 11, 2022, https://www.politico.com/2020-election/results/massachusetts/

28 World Population Review, "Federal Spending by State 2022," accessed January 3, 2022, https://worldpopulationreview.com/state-rankings/federal-spending-by-state
29 在 2020 年的大選中。
30 Rob Salkowitz," Fans Turn Up for New York Comic Con Even if Big Names Don't," Forbes, October 9, 2021, accessed December 17, 2021, https://www.forbes.com/sites/robsalkowitz/2021/10/09/fans-turn-up-for-new-york-comic-con-even-if-big-names-dont/?sh=7b5fcd9c5ee4
31 "Convention Schedule," FanCons, accessed December 17, 2021, https://fancons.com/events/schedule.php?type=all&year=2022&loc=eu

05 風險與回報：我們每天計算自己與他人的生活

1 Thomas Simpson, "A Letter [. . .] on the Advantage of Taking the Mean of a Number of Observations, in Practical Astronomy," Philosophical Transactions (1683–1775) 49 (1755–1756), 82–93
2 Michael Shermer, Conspiracy: Why the Rational Believe the Irrational (Baltimore: Johns Hopkins University Press, 2022)
3 Stephen Skolnick, "How 4,000 Physicists Gave a Vegas Casino Its Worst Week Ever," Physics Buzz (blog), September 10, 2015, accessed June 5, 2022, http://physicsbuzz.physicscentral.com/2015/09/one-winningmove.html
4 Steve Beauregard" , Biggest Casino in Las Vegas & List of the Top 20 Largest Casinos in Sin City,"

Gamboool, accessed July 15, 2021, https://gamboool.com/biggest-casinos-in-las-vegas-list-of-the-top-20-largest-casinosin-sin-city

5 Will Yakowicz, "U.S. Gambling Revenue to Break $44 Billion Record in 2021," Forbes, August 10, 2021, accessed January 1, 2022, https://www.forbes.com/sites/willyakowicz/2021/08/10/us-gambling-revenue-to%E2%80%94break-44-billion-record-in-2021/?sh=257f2443243e

6 " Lotteries in the United States," Wikipedia, accessed July 15, 2021, https://en.wikipedia.org/wiki/Lotteries_in_the_United_States

7 Investopedia, "The Lottery: Is It Ever Worth Playing?," accessed July 15, 2021, https://www.investopedia.com/managing-wealth/worth-playing-lottery/

8 Erin Richards, "Math Scores Stink in America. Other Countries Teach It Differently—and See Higher Achievement," USA Today, February 28, 2020, accessed January 5, 2022, https://www.usatoday.com/story/news/education/2020/02/28/math-scores-high-school-lessons-freakonomics-pisa-algebrageometry/4835742002/

9 Neil deGrasse Tyson (@neiltyson), Twitter, February 9, 2010, 3:46 p.m., accessed July 15, 2021, https://twitter.com/neiltyson/status/8870114781

10 CNBC (@CNBC), Twitter, December 10, 2021, 4:03 p.m., accessed May 17, 2022, https://twitter.com/CNBC/status/1469412512357568521

11 TipRanks, "2 'Strong Buy' Stocks from a Top Wall Street Analyst," July 13, 2021, accessed July 15, 2021, https://www.yahoo.com/now/2-strong-buy-stocks-top-091615572.html

12 TipRanks," Top Wall Street Analysts," accessed July 23, 2021, https://www.tipranks.com/analysts/top

13 Sam Ro," The Truth About Warren Buffett' s Investment Track Record," Yahoo! Finance, March 1, 2021,

accessed December 21, 2021, https://www.yahoo.com/now/the-truth-about-warren-buffetts-investment-track-record-morning-brief-113829049.html.?guccounter=1

14 National Academies of Sciences, Engineering, and Medicine, Genetically Engineered Crops: Experiences and Prospects (Washington, DC: National Academies Press, 2016), accessed July 15, 2021, https://www.nationalacademies.org/our-work/genetically-engineered-crops-past-experience-and-future-prospects

15 Food Evolution, directed by Scott Hamilton Kennedy, narrated by Neil deGrasse Tyson (Black Valley Films,2016)

16 " Ben & Jerry' s Statement on Glyphosate," Ben & Jerry' s (website), accessed July 15, 2021, https://www.benjerry.com/about-us/media-center/glyphosate-statement

17 Samuel Taylor Coleridge, Rime of the Ancient Mariner, part 2, stanza 9 (1817)

18 Walter Bagehot, Physics and Politics, No. V: "The Age of Discussion" (Westport, CT: Greenwood Press,1872)

19 American Cancer Society," Colorectal Cancer Risk Factors," accessed July 16, 2021, https://www.cancer.org/cancer/colon-rectal-cancer/causes-risks-prevention/risk-factors.html

20 American Cancer Society," Key Statistics for Colorectal Cancer," accessed July 16, 2021, https://www.cancer.org/cancer/colon-rectal-cancer/about/key-statistics.html

21 Manuela Chiavarini et al.," Dietary Intake of Meat Cooking-Related Mutagens (HCAs) and Risk of Colorectal Adenoma and Cancer: A Systematic Review and Meta-Analysis," Nutrients 9, no. 5 (May 18, 2017): 515, accessed June 7, 2022, https://www.ncbi.nlm.nih.gov/pmc/articles/PMC5452244/

22 Hannah Ritchie and Max Roser," Smoking," Our World in Data, May 2013, revised November 2019, accessed June 30, 2021, https://ourworldindata.org/smoking; see also Lynne Eldridge, "What Percentage of Smokers Get Lung Cancer?," Verywell Health, accessed June 28, 2021, https://www.verywellhealth.com/whatpercentage-

of-smokers-get-lung-cancer-2248868

23 John Woodrow Cox and Steven Rich, "Scarred by School Shootings," Washington Post, updated March 25, 2018, accessed July 15, 2021, https://www.washingtonpost.com/graphics/2018/local/us-school-shootings-history/

24 William H. Lucy," Mortality Risk Associated with Leaving Home: Recognizing the Relevance of the Built Environment," American Journal of Public Health 93, no. 9 (September 2003): 1564–69, accessed July 16, 2021, https://www.ncbi.nlm.nih.gov/pmc/articles/PMC1448011/; Bryan Walsh," In Town vs. Country, It Turns Out That Cities Are the Safest Places to Live," Time, July 23, 2013, accessed July 16, 2021, https://science.time.com/2013/07/23/in-town-versus-country-it-turns-out-that-cities-are-the-safest-places-to-live/

25 Sage R. Meyers et al., "Safety in Numbers: Are Major Cities the Safest Places in the United States?" Injury Prevention 62, no. 4 (October 1, 2013): 408–18.E3, accessed June 8, 2022, https://www.ncbi.nlm.nih.gov/pmc/articles/PMC3993997/

26 " 2019 El Paso Shooting," Wikipedia, accessed July 16, 2021, https://en.wikipedia.org/wiki/2019_El_Paso_shooting

27 Paulina Cachero, "US Taxpayers Have Reportedly Paid an Average of $8,000 Each and over $2 Trillion Total for the Iraq War Alone," Insider, February 6, 2020, accessed July 16, 2021, https://www.businessinsider.com/us-taxpayers-spent-8000-each-2-trillion-iraq-war-study-2020–2

28 Sophie L. Gilbert et al., "Socioeconomic Benefits of Large Carnivore Recolonization Through Reduced Wildlife-Vehicle Collisions," Conservation Letters 10, no. 4 (July/August 2017): 431–39, accessed August 1, 2021, https://conbio.onlinelibrary.wiley.com/doi/epdf/10.1111/conl.12280

29 Karacasu, M., & Er, A. (2011). An analysis on distribution of traffic faults in accidents, based on driver' s

ageand gender: Eskisehir case. Procedia–Social and Behavioral Sciences 20, 776–785. https://doi.org/10.1016/j.sbspro.2011.08.088

30 Neal E. Boudette,” Tesla Says Autopilot Makes Its Cars Safer; Crash Victims Say It Kills,” New York Times,July 5, 2021, accessed July 27, 2021, https://www.nytimes.com/2021/07/05/business/tesla-autopilot-lawsuitssafety.html

31 ” List of Fatal Accidents and Incidents Involving Commercial Aircraft in the United States,” Wikipedia,accessed July 27, 2021, https://en.wikipedia.org/wiki/List_of_fatal_accidents_and_incidents_involving_commercial_aircraft_in_the_United_States

32 2018 年和 2019 年波音 737 MAX 高度曝光的空難事件涉及非美國籍的航空公司，因此不計入此統計數據。

33 Leslie Josephs, “The Last Fatal US Airline Crash Was a Decade Ago; Here’s Why Our Skies Are Safer,” CNBC, February 13, 2019, updated March 8, 2019, accessed July 27, 2021, https://www.cnbc.com/2019/02/13/colgan-air-crash-10-years-ago-reshaped-us-aviation-safety.html

34 Bureau of Transportation Statistics, United States Department of Transportation, “U.S. Air Carrier Traffic Statistics Through November 2021,” accessed August 1, 2021, https://www.transtats.bts.gov/TRAFFIC/

35 Joni Mitchell, stanza from the song” Both Sides Now” (Detroit: Gandalf Publishing, 1967).

06 肉食與素食：不見得怎麼吃，就會變成怎麼樣

1 Paul Copan, Wes Jamison, and Walter Kaiser, What Would Jesus Really Eat: The Biblical Case for Eating Meat (Burlington, ON: Castle Quay Books, 2019); see also Amanda Radke” , Yes, Jesus Would Eat Meat & You Can,Too,” Beef magazine, June 9, 2022, accessed April 14, 2022, https://www.beefmagazine.com/beef/yes-jesus-would-eat-meat-you-can-too

2 “ Vegetarianism by Country,” Wikipedia, accessed August 7, 2021, https://en.wikipedia.org/wiki/Vegetarianism_by_country.

3 RJ Reinhart, “Snapshot: Few Americans Vegetarian or Vegan,” Gallup, August 1, 2018, accessed August 7,2021, https://news.gallup.com/poll/238328/snapshot-few-americans-vegetarian-vegan.aspx

4 Hannah Ritchie and Max Roser, “Meat and Dairy Production,” Our World in Data, August 2017, revised November 2019, accessed August 11, 2021, https://ourworldindata.org/meat-production

5 “ What Is the Age Range for Butchering Steers? I Am Trying for Prime,” Beef Cattle, September 3, 2019,accessed August 7, 2021, https://beef-cattle.extension.org/what-is-the-age-range-for-butchering-steers-i-am-trying-for-prime/

6 University of California Cooperative Extension, “Sample Costs for a Cow-Calf/Grass-Fed Beef Operation,” 2004, accessed February 25, 2022, https://coststudyfiles.ucdavis.edu/uploads/cs_public/83/84/838417e7-bdad-40e6-bcaa-c3d80ccdcd71/beefgfnc2004.pdf

7 “ The Biggest CAFO in the United States,” Wickersham’ s Conscience, March 20, 2020, accessed April 14,2022, https://wickershamsconscience.wordpress.com/2020/03/20/the-biggest-cafo-in-the-united-states/

8 South Dakota State University Extension, "How Much Meat Can You Expect from a Fed Steer?," updated August 6, 2020, accessed June 9, 2022, https://extension.sdstate.edu/how-much-meat-can-you-expect-fed-steer

9 Neil deGrasse Tyson, Letters from an Astrophysicist (New York: W. W. Norton, 2019).

10 Genesis 1:26, King James Version.

11 McLaughlin, Ryan Patrick. "A Meatless Dominion: Genesis 1 and the Ideal of Vegetarianism." Biblical Theology Bulletin 47, no. 3 (August 2, 2017): 144–54. Accessed August 7, 2021. https://journals.sagepub.com/doi/10.1177/0146107917715587

12 O' Grey, Eric. "Vegan Theology for Christians." PETA Prime, January 30, 2018. Accessed August 7, 2021. https://prime.peta.org/2018/01/vegan-theology-christians/

13 Singer, Peter. Animal Liberation. New York: Harper Collins, 1975.

14 PETA. Accessed August 7, 2021. https://www.peta.org.

15 StarTalk. August 22, 2011. "Making the Fur Fly." Accessed August 9, 2021. https://www.startalkradio.net/show/making-the-fur-fly/

16 " Do Snails Have Eyes?" Facts About Snails. Accessed August 9, 2021. https://factsaboutsnails.com/snail-facts/do-snails-have-eyes/

17 Ebersole, Rene. "How 'Dolphin Safe' Is Canned Tuna, Really?" National Geographic, March 10, 2021. Accessed August 8, 2021. https://www.nationalgeographic.com/animals/article/how-dolphin-safe-is-canned-tuna

18 Animal Diversity Web, University of Michigan, Museum of Zoology. " Mus musculus house mouse." Accessed April 24, 2022. https://animaldiversity.org/accounts/Mus_musculus/

19 " Learn How Many Trees It Takes to Build a House?" Home Preservation Manual. Accessed August 9, 2021.

https://www.homepreservationmanual.com/how-many-trees-to-build-a-house/

20 Ramage, Michael H., et al." The Wood from the Trees: The Use of Timber in Construction." Renewable and Sustainable Energy Reviews 68 (February 2017): 333. Accessed January 20, 2022. https://www.sciencedirect.com/science/article/pii/S1364032116306050

21 Kyle Cunningham" , Landowner' s Guide to Determining Weight of Standing Hardwood Trees," University of Arkansas Division of Agriculture, Cooperative Extension Service, accessed August 9, 2021, https://www.uaex.uada.edu/publications/pdf/FSA-5021.pdf

22 "Maple Syrup Concentration," Synder Filtration, accessed January 30, 2021, https://synderfiltration.com/2014/wp-content/uploads/2014/07/Maple-Syrup-Concentration-Case-Study.pdf.

23 Britt Holewinski, "Underground Networking: The Amazing Connections Beneath Your Feet," National Forest Foundation, accessed January 30, 2022, https://www.nationalforests.org/blog/underground-mycorrhizal-network

24 Steven Spielberg, private communication, April 2004, Hayden Planetarium, New York City.

25 Associated Press, "Lewis Throws Voice to Push for Quality TV," Deseret News, March 11, 1993, accessed September 8, 2021, https://www.deseret.com/1993/3/11/19036574/lewis-throws-voice-to-push-for-quality-tv

26 Mitch Zinck, "Top 10 Stocks to Invest in Lab-Grown Meat," Lab Grown Meat, June 29, 2021, accessed August 11, 2021, https://labgrownmeat.com/top-10-stocks/

27 Chuck Lorre, "Card #536," Chuck Lorre Productions, Official Vanity Card Archives, September 26, 2016,accessed September 16, 2021, http://chucklorre.com/?e=980

28 Christiaan Huygens, The Celestial Worlds Discover' d: or, Conjectures Concerning the Inhabitants, Plants and Productions of the Worlds in the Planets (London: Timothy Childe, 1698), accessed June 10, 2022,

https://galileo.ou.edu/exhibits/celestial-worlds-discoverd-or-conjectures-concerning-inhabitants-plants-andproductions
29 Terry Bisson, They' re Made out of Meat, and 5 Other All-Talk Tales (Amazon.com, Kindle edition, 2019).

07 性別與身分：比起相異，我們其實有著更多相似之處

1 "Schrödinger's Cat." Wikipedia. Accessed August 16, 2021. https://en.wikipedia.org/wiki/Schrödinger%27s_cat.
2 "What Does LGBTQ+ Mean?" OK2BME. Accessed August 22, 2021. https://ok2bme.ca/resources/kids-teens/what-does-lgbtq-mean/
3 "West Side Story." First produced for Broadway in 1957.
4 Deuteronomy 22:5. King James Version.
5 "Trial of Joan of Arc." Wikipedia. Accessed April 24, 2022. https://en.wikipedia.org/wiki/Trial_of_Joan_of_Arc.
6 Roughgarden, Joan. Evolution' s Rainbow: Diversity, Gender, and Sexuality in Nature and People. Berkeley:University of California Press, 2013.
7 Little, Anthony C., Benedict C. Jones, and Lisa M. DeBruine. "Facial Attractiveness: Evolutionary Based Research." Philosophical Transactions of the Royal Society B: Biological Sciences 366, no. 1571 (June 12,2011): 1638–59. Accessed March 18, 2022. https://www.ncbi.nlm.nih.gov/pmc/articles/PMC3130383/

8 American Society of Plastic Surgeons. Plastic Surgery Statistics Report, 2020. Accessed November 28, 2021. https://www.plasticsurgery.org/documents/News/Statistics/2020/plastic-surgery-statistics-full-report-2020.pdf.

9 US Food and Drug Administration. “Fun Facts About Reindeer and Caribou.” Content current as of February13, 2020. Accessed December 21, 2021. https://www.fda.gov/animal-veterinary/animal-health-literacy/funfacts-about-reindeer-and-caribou

10 “ What Are the Names of Santa’ s Reindeer?” Iglu Ski. Accessed December 21, 2021. https://www.igluski.com/lapland-holidays/what-are-the-names-of-santas-reindeer

11 National Hurricane Center and Central Pacific Hurricane Center. “Saffir-Simpson Hurricane Wind Scale.” Accessed January 5, 2022. https://www.nhc.noaa.gov/aboutsshws.php

12 Resnick, Ariane.” What Do the Colors of the New Pride Flag Mean?” Verywell Mind. Updated June 21,2021. Accessed August 22, 2021. https://www.verywellmind.com/what-the-colors-of-the-new-pride-flagmean-5189173

13 Dart, Tom. “Texas Clings to Unconstitutional Homophobic Laws—and It’ s Not Alone.” Guardian. June 1,2019. Accessed September 17, 2021.https://www.theguardian.com/world/2019/jun/01/texas-homophobiclaws-lgbt-unconstitutional

08 膚色與種族：再說一次，比起相異，我們其實有著更多相似之處

1 For a full period of this story, see Dava Sobel, The Glass Universe: How the Ladies of the Harvard Observatory

Took the Measure of the Stars (New York: Viking, 2016).

2 Jennifer Chu, “Study: Reflecting Sunlight to Cool the Planet Will Cause Other Global Changes,” MIT News, June 2, 2020, accessed August 20, 2021, https://news.mit.edu/2020/reflecting-sunlight-cool-planet-storm-0602

3 Nina Jablonski and George Chaplin,” The Colours of Humanity: The Evolution of Pigmentation in the Human Lineage,” Philosophical Transactions of the Royal Society B 372 (May 22, 2017), accessed August 22, 2021, https://royalsocietypublishing.org/doi/pdf/10.1098/rstb.2016.0349

4 Nina Jablonski and George Chaplin, “Human Skin Pigmentation as an Adaptation to UV Radiation,” Proceedings of the National Academy of Sciences 107, Suppl. 2 (May 5, 2010), accessed August 22, 2021,https://doi.org/10.1073/pnas.0914628107

5 Nicholas G. Crawford et al., “Loci Associated with Skin Pigmentation Identified in African Populations,” Science 358, no. 6365 (October 12, 2017), accessed January 31, 2022, https://www.science.org/doi/10.1126/science.aan8433

6 Clairol” , Natural Instincts” semi-permanent hair color.

7 Benjamin Moore (website), accessed January 2, 2022, https://www.benjaminmoore.com/en-us/color-overview/find-your-color/color-families

8 “ 1860 United States Census,” Wikipedia, accessed September 24, 2021, https://en.wikipedia.org/wiki/1860_United_States_census

9 James Henry Hammond, “On the Question of Receiving Petitions on the Abolition of Slavery in the District of Columbia,” Address to Congress, February 1, 1836, accessed March 19, 2022, https://babel.hathitrust.org/cgi/pt?id=hvd.hx4q2m

10 我自 1996 年起擔任海頓天象館館長

11 Theodore Roosevelt, "Lincoln and the Race Problem," speech to the New York Republican Club, February13, 1905, accessed September 8, 2021, https://www.blackpast.org/african-american-history/1905-theodoreroosevelt-lincoln-and-race-problem-3/

12 American Museum of Natural History. "Museum Statement on Eugenics." September 2021. Accessed September 24, 2021. https://www.amnh.org/about/timeline-history/eugenics-statement.

13 Atlas Obscura. "Allies Sculpture." Accessed September 8, 2021. https://www.atlasobscura.com/places/allies

14 《解放》複製品。在 2020 年，一個長期以來的《解放》複製品因為抗議活動而從波士頓的公園廣場移除，並被轉移到該雕塑家的家鄉。

15 American Museum of Natural History. "What Did the Artists and Planners Intend?" Accessed September 8, 2021. https://www.amnh.org/exhibitions/addressing-the-theodore-roosevelt-statue/making-the-statue

16 對博物館員工的內部備忘錄，日期為 2021 年 11 月 19 日。

17 Solly, Meilan. "DNA Pioneer James Watson Loses Honorary Titles over Racist Comments." Smithsonian. January 15, 2019. Accessed September 19, 2021. https://www.smithsonianmag.com/smart-news/dna-pioneerjames-watson-loses-honorary-titles-over-racist-comments-180971266/

18 " Hairy Ball Theorem." Wikipedia. Accessed September 8, 2021. https://en.wikipedia.org/wiki/Hairy_balltheorem.

19 " List of Electronic Color Code Mnemonics." Wikipedia. Accessed January 5, 2022. https://en.wikipedia.org/wiki/List_of_electronic_color_code_mnemonics

20 Galton, Francis. Hereditary Genius: An Inquiry into Its Laws and Consequences. New York: D. Appleton,1870

21 O' Neill, Aaron. "Black and Slave Population of the United States from 1790 to 1880." Statista. March 19,2021. Accessed September 12, 2021. https://www.statista.com/statistics/1010169/black-and-slave-

populationus-1790-1880/
22 Thomas Jefferson. Notes on the State of Virginia. Baltimore: W. Pechin, 1800
23 Monticello. “The Life of Sally Hemings.” Accessed September 12, 2021. https://www.monticello.org/sallyhemings/
24 Carleton S. Coon. The Origin of Races. New York: Alfred A. Knopf, 1962
25 “Men with Hairy Chest.” DC Urban Moms and Dads. December 23, 2014. Accessed September 12, 2021. https://www.dcurbanmon.com/jforum/posts/list/435718.page
26 Toshisada Nishida. “Chimpanzee.” Encyclopedia Britannica. Accessed September 12, 2021. https://www.britannica.com/animal/chimpanzee
27 Medline Plus. “What Does It Mean to Have Neanderthal or Denisovan DNA?” Accessed September 12, 2021. https://medlineplus.gov/genetics/understanding/dtcgenetictesting/neanderthaldna/
28 Angela Saini. Superior: The Return of Race Science. Boston: Beacon Press, 2019.
29 “Can African Americans Get Head Lice?” Lice Aunties. April 14, 2021. Accessed September 12, 2021. https://liceaunties.com/can-african-american-americans-get-head-lice/; Price, W. Wayne, and Amparo Benitez. “Infestation and Epidemiology of Head Lice in Elementary Schools in Hillsborough Country, Florida.” Florida Scientist 52, no.4 (1989): 278–88.
30 Robin A. Weiss. “Apes, Lice and Prehistory.” Journal of Biology 8, no. 20 (2009). Accessed September 21,2021. https://www.ncbi.nlm.nih.gov/pmc/articles/PMC2687769/
31 United States Cancer Statistics. “Cancer Statistics at a Glance.” Centers for Disease Control and Prevention,June 2021. https://gis.cdc.gov/Cancer/USCS/#/AtAGlance/; Healthline. “Yes, Black People Can Get Skin Cancer. Here's What to Look For.” Accessed April 11, 2022. https://www.healthline.com/health/skin-

cancer/can-black-people-get-skin-cancer

32 Gelfand, Joel M., et al. "The Prevalence of Psoriasis in African Americans: Results from a Population-Based Study." Journal of the American Academy of Dermatology 52, no. 1 (2005): 23. Accessed September 18, 2021. https://pubmed.ncbi.nlm.nih.gov/15627076/

33 Bone Health and Osteoporosis Foundation. "What Is Osteoporosis and What Causes It?" Accessed September12, 2021. https://www.nof.org/patients/what-is-osteoporosis/

34 Aloia, J. F., et al. "Risk for Osteoporosis in Black Women." Calcified Tissue International 59 (1996): 415–23. Accessed September 18, 2021. https://link.springer.com/article/10.1007%2FBF00369203

35 Tavernise, Sabrina. "Rise in Suicide by Black Children Surprises Researchers." New York Times, May 18,2015. Accessed December 12, 2021. https://www.nytimes.com/2015/05/19/health/suicide-rate-for-black-children-surged-in-2-decades-study-says.html

36 Suicide Prevention Resource Center. "Racial and Ethnic Disparities." Accessed September 18, 2021. https://sprc.org/scope/racial-ethnic-disparities

37 Many studies, for example: Taylor, Jacquelyn Y., et al. "Prevalence of Eating Disorders Among Blacks in the National Survey of American Life." International Journal of Eating Disorders 40 (2007 Suppl.): S10–S14. Accessed January 7, 2022. https://www.ncbi.nlm.nih.gov/pmc/articles/PMC2882704/#R2; see also Ruth H. Striegel-Moore et al., "Eating Disorders in White and Black Women," American Journal of Psychiatry 160 (2003):1326–31, accessed January 7, 2022, https://pubmed.ncbi.nlm.nih.gov/12832249/

38 Keb Meh, "Mythologies of Skin Color and Race in Ethiopia," Japan Sociology, December 2, 2014, accessed September 12, 2021, https://japansociology.com/2014/12/02/mythologies-of-skin-color-and-race-in-ethiopia/

39 Guinness World Records, "Shortest Tribe," accessed September 12, 2021, https://www.guinnessworldrecords.

com/world-records/shortest-tribe
40 Guinness World Records," Tallest Tribe," accessed September 12, 2021, https://www.guinnessworldrecords.com/world-records/67503-tallest-tribe
41 World Population Review, "Average Height by Country," accessed September 21, 2021, https://worldpopulationreview.com/country-rankings/average-height-by-country
42 Ben McGrath, "Did Spacemen, or People with Ramps, Build the Pyramids?," New Yorker, August 23, 2021, accessed February 26, 2022, https://www.newyorker.com/magazine/2021/08/30/did-spacemen-or-people-with-ramps-build-the-pyramids
43 Elon Musk is from South Africa, a place where native-born White people hardly ever refer to themselves as Africans, but of course they all are. Elon Musk (@elonmusk), Twitter, June 31, 2021, 12:14 a.m., accessed April 11, 2022, https://twitter.com/elonmusk/status/1289051795763769345?lang=en
44 " Neil Turok Bets the Next Einstein Will Be from Africa," TED Prize-Winning Wishes, 2008, accessed September 12, 2021, https://www.ted.com/participate/ted-prize/prize-winning-wishes/aims-next-einstein-initiative
45 Neil Turok," Africa AIMS High," Nature 474 (2011): 567, accessed September 12, 2021, https://www.nature.com/articles/474567a
46 International Chess Federation. "Top Chess Federations." Accessed December 28, 2021. https://ratings.fide.com/topfederations.phtml
47 World Bank. "GDP per Capita." Accessed December 28, 2021. https://data.worldbank.org/indicator/NY.GDP.PCAP.CD
48 International Chess Federation. "Rating Analytics: The Number of Rated Chess Players Goes Up." Accessed

December 28, 2021. https://www.fide.com/news/288. Also see" FIDE Titles." Wikipedia. Accessed December28, 2021. https://en.wikipedia.org/wiki/FIDE_titles

49 Molly Fosco," The Most Successful Ethnic Group in the U.S. May Surprise You." IMDiversity. June 7, 2018. Accessed April 7, 2022. https://imdiversity.com/diversity-news/the-most-successful-ethnic-group-in-the-u-smay-surprise-you/

50 Jill,Rutter," Back to Basics: Towards a Successful and Cost-Effective Integration Policy." Report: Institute for Public Policy Research, UK, March 2013. Also see "GCSE English and Math' s Results March 2022." Department of Education, UK. Accessed April 7, 2022. https://www.ethnicity-facts-figures.service.gov.uk/education-skills-and-training/11-to-16-years-old/a-to-c-in-english-and-maths-gcse-attainment-for-children-aged-14-to-16-key-stage-4/latest

51 Statista. "Estimated Global Population from 10,000 BCE to 2100." Accessed September 12, 2021. https://www.statista.com/statistics/1006502/global-population-ten-thousand-bc-to-2050/

52 Statista. "Population of the New York-Newark-Jersey City Metro Area in the United States from 2010 to2020." Accessed January 4, 2022. https://www.statista.com/statistics/815095/new-york-metro-area-population/

53 Dr. Yan Wong," Family Trees: Tracing the World' s Ancestor." BBC. August 22, 2012. Accessed September 12,2021. https://www.bbc.com/news/magazine-19331938

54 " Read Martin Luther King Jr.' s ' I Have a Dream' Speech in Its Entirety ," NPR, accessed January 4, 2022. https://www.npr.org/2010/01/18/122701268/i-have-a-dream-speech-in-its-entirety

55 Reverend Theodore Parker, " Of Justice and the Conscience." In Ten Sermons of Religion, 85. Boston: Crosby, Nichols,1853. Also see All Things Considered, " Theodore Parker and the Moral Universe." NPR. September 2, 2010. Accessed September 8, 2021. https://www.npr.org/templates/story/story.php?storyId=129609461

09 法律與秩序：不管我們是否喜歡，兩者都是文明的基礎

1 “The Code of Hammurabi,” translated by L. W. King, Avalon Project, Yale Law School, accessed December 20, 2021,https://avalon.law.yale.edu/ancient/hamframe.asp

2 Antonio Pigafetta, “Navigation.” In Magellan’ s Voyage: A Narrative Account of the First Circumnavigation,translated and edited by R. A. Skelton, 147. New York: Dover, 1969

3 “Address to the British Association for the Advancement of Science,” delivered by the president, accessed December 21, 2021, http://aleph0.clarku.edu/huxley/CE8/B-Ab.html

4 William Blackstone, Commentaries on the Laws of England. Oxford: Clarendon Press, 1765.

5 ” Magna Carta: Muse and Mentor (Trial by Jury).” Library of Congress exhibition, 2014–15. Accessed December 20, 2021, https://www.loc.gov/exhibits/magna-carta-muse-and-mentor/trial-by-jury.html.

6 For example:Matthew J. Sharps, “Eyewitness Testimony, Eyewitness Mistakes: What We Get Wrong,” Psychology Today,August 21, 2020, accessed December 14, 2021, https://www.psychologytoday.com/us/blog/the-forensic-view/202008/eyewitness-testimony-eyewitness-mistakes-what-we-get-wrong

7 Innocence Project (website). Accessed December 20, 2021. https://innocenceproject.org/about/

8 Equal Justice Initiative” , Death Penalty,” accessed January 2, 2022, https://eji.org/issues/death-penalty/

9 Innocence Project, “DN Exonerations in the United States,” accessed December 20, 2021, https://innocenceproject.org/dna-exonerations-in-the-united-states/

10 National Research Council, Strengthening Forensic Science in the United States: A Path Forward (Washington,DC: National Academies Press, 2009), accessed December 20, 2021, https://doi.

org/10.17226/12589

11 Alison Flood," Alice Sebold Publisher Pulls Memoir After Overturned Rape Conviction," Guardian, December1, 2021, accessed December 20, 2021, https://www.theguardian.com/books/2021/dec/01/alice-sebold-publisher-pulls-memoir-overturned-conviction-lucky-anthony-broadwater

12 Ann E. Carson, "Prisoners in 2020," US Department of Justice, Bureau of Justice Statistics, December 2021,accessed March 6, 2022, https://bjs.ojp.gov/content/pub/pdf/p20st.pdf

13 Roy Walmsley, "World Female Imprisonment List," 4th Edition, November 2017, Institute for Criminal Policy Research, UK, accessed March 6, 2022, https://www.prisonstudies.org/sites/default/files/resources/downloads/world-female-prison-4th_edn_v4_web.pdf; Roy Walmsley and Helen Fair," World Prison Population List," 13th Edition, December 2021, accessed March 6, 2022, https://www.prisonstudies.org/sites/default/files/resources/downloads/world-prison-population-list-13th-edition.pdf

14 Medline Plus" , Y Chromosome," accessed March 6, 2022, https://medlineplus.gov/genetics/chromosome/y

15 Starmus (website). Accessed July 2, 2021. https://www.starmus.com

16 Robert F. Graboyes, "The Rationalia Fallacy," U.S. News & World Report, July 18, 2016, accessed June 30,2021, https://www.usnews.com/opinion/articles/2016-07-18/neil-degrasse-tyson-may-dream-of-a-rationaliasociety-but-its-a-fallacy; Jeffrey Guhin, "A Nation Ruled by Science Is a Terrible Idea," Slate, July 5, 2016,accessed June 30, 2021, https://slate.com/technology/2016/07/neil-degrasse-tyson-wants-a-nation-ruled-byevidence-but-evidence-explains-why-thats-a-terrible-idea.html; Jeffrey Guhin, "A Rational Nation Ruled by Science Would Be a Terrible Idea," New Scientist, July 6, 2016 (first published in Slate), accessed June 30,2021, https://www.newscientist.com/article/2096315-a-rational-nation-ruled-by-science-would-be-a-terribleidea/;G. Shane Morris" , Neil DeGrasse Tyson' s ' Rationalia' Would Be a Terrible Country,"

Federalist, July 1,2016, accessed June 30, 2021, https://thefederalist.com/2016/07/01/neil-degrasse-tysons-rationalia-would-be-a-terrible-country/ ;" Sorry, Neil deGrasse Tyson, Basing a Country' s Governance Solely on 'The Weight of Evidence' Could Not Work," ArtsJournal, June 30, 2016, accessed June 30,2021

10 身體與心智：人體生理學可能被高估了

1 Now available digitally, https://www.pdr.net

2 Medical News Today," How Long You Can Live Without Water," accessed November 29, 2021, https://www.medicalnewstoday.com/articles/325174

3 UpToDate," Bones of the Foot," accessed December 12, 2021, https://www.uptodate.com/contents/image?imageKey=SM%2F52540&topicKey=SM%2F17003

4 Zhi Y. Kho and Sunil K. Lal" , The Human Gut Microbiome—A Potential Controller of Wellness and Disease," Frontiers of Microbiology 9 (2018), accessed November 28, 2021, https://doi.org/10.3389/fmicb.2018.01835

5 Associated Press," Chocolate Cravings May Be a Real Gut Feeling," NBC News, October 12, 2007, accessed November 28, 2021, https://www.nbcnews.com/health/health-news/chocolate-cravings-may-be-real-gutfeeling-flna1c9456552

6 " The Nobel Prize for Physics 1952," the Nobel Prize (website), accessed November 29, 2021, https://www.nobelprize.org/prizes/physics/1952/summary/

7 K. D. Stephan, "How Ewen and Purcell Discovered the 21-cm Interstellar Hydrogen Line," IEEE Antennas and Propagation Magazine 41, no. 1 (February 1999), accessed November 29, 2021, https://ieeexplore.ieee.org/document/755020

8 Martin Harwit, Cosmic Discovery: The Search, Scope, and Heritage of Astronomy (New York: Cambridge University Press, 2019).

9 Healthline" , How Early Can You Hear Baby' s Heartbeat on Ultrasound and by Ear?," accessed April 5, 2022, https://www.healthline.com/health/pregnancy/when-can-you-hear-babys-heartbeat

10 Michael Lipka and Benjamin Wormald, "How Religious Is Your State?," Pew Research Center, February 29,2016, accessed December 12, 2021, https://www.pewresearch.org/religion/2009/12/21/how-religious-is-your-state/?state=alabama.

11 Guttmacher Institute. "Abortion Policy in the Absence of Roe." Accessed December 12, 2021. https://www.guttmacher.org/state-policy/explore/abortion-policy-absence-roe

12 Death Penalty Information Center." State by State." Accessed December 12, 2021. https://deathpenaltyinfo.org/state-and-federal-info/state-by-state

13 Gallup. "Abortion Trends by Party Identification 1995-2001." Accessed April 8, 2022. https://news.gallup.com/poll/246278/abortion-trends-party.aspx

14 Healthline. "Embryo vs Fetus: Fetal Development Week by Week." Accessed April 8, 2022. https://www.healthline.com/health/pregnancy/embryo-fetus-development

15 See, e.g., Laura Ingraham (@IngrahamAngle). Twitter. December 27, 2012, 9:47 a.m. Accessed April 9, 2022. https://twitter.com/ingrahamangle/status/284309497294512128

16 Statista. "Number of Births in the United States from 1990 to 2019." Accessed December 12, 2021. https://

www.statista.com/statistics/195908/number-of-births-in-the-united-states-since-1990/

17 Katherine Kortsmit et al. “Abortion Surveillance—United States, 2019.” Morbidity and Mortality Weekly Report (MMWR) 70, no. 9 (November 26, 2021): 1–29. Accessed December 12, 2021. https://www.cdc.gov/mmwr/volumes/70/ss/ss7009a1.htm

18 John P. Curtis, “ What Are Abortion and Miscarriage?” eMedicine Health. Accessed April 11, 2022. https://www.emedicinehealth.com/what_are_abortion_and_miscarriage/article_em.htm

19 Rosemarie Garland Thomson, Extraordinary Bodies: Figuring Physical Disability in American Culture and Literature. New York: Columbia University Press, 1997

20 Keller, Helen. Unpublished letter to Captain von Beck. Private collection of the author

21 Matt Stutzman, Interviewed by StarTalk Sports Edition. August 2021. Accessed November 24, 2021. https://www.youtube.com/watch?v=7NipfdwGTUs

22 Swanson, Jahmani. Interviewed by StarTalk Sports Edition. December 2021. Accessed January 5, 2022. https://www.startalkradio.net/show/globetrotters-guide-to-the-galaxy/

23 ” The 2010 Time100.” Time,2010.http://content.time.com/time/specials/packages/completelist/0,29569,1984685,00.html

24 Stephen Hawking, interviewd for StarTalk. March 14, 2018. Accessed November 24, 2021. https://www.youtube.com/watch?v=TwaIQy0VQso

25 Oliver Sacks, interviewed for StarTalk. “Are You Out of Your Mind?” Accessed November 24, 2021. https://www.startalkradio.net/show/extended-classic-are-you-out-of-your-mind-with-oliver-sacks/

26 通常被歸因於十九世紀德國哲學家弗里德里希．尼采。

27 Christian Jarrett, Great Myths of the Brain. Hoboken, NJ: Wiley-Blackwell, 2014

28 Daniel Graham, "You Can't Use 100% of Your Brain—and That's a Good Thing." Psychology Today, February 19, 2021. Accessed November 21, 2021. https://www.psychologytoday.com/us/blog/your-internet-brain/202102/you-cant-use-100-your-brain-and-s-good-thing

29 Nikhil Swaminathan, "Why Does the Brain Need So Much Power?," Scientific American, April 29, 2008,accessed November 29, 2021, https://www.scientificamerican.com/article/why-does-the-brain-need-s/.

30 American Museum of Natural History, "Brains," accessed November 27, 2021, https://www.amnh.org/exhibitions/extreme-mammals/extreme-bodies/brains; see also "Brain-to-Body Mass Ratio," Wikipedia,accessed November 27, 2021, https://en.wikipedia.org/wiki/Brain-to-body_mass_ratio

31 "Genius Magpie," YouTube, accessed November 27, 2021, https://www.youtube.com/watch?v=xVSr22kqSOs

32 Bradley Voytek," Are There Really as Many Neurons in the Human Brain as Stars in the Milky Way?," Brain Metrics (blog), May 20, 2013, accessed November 29, 2021, https://www.nature.com/scitable/blog/brainmetrics/are-there-really-as-many/

33 "Why It's Almost Impossible to Solve a Rubik's Cube in Under 3 Seconds," Wired, accessed November28, 2021, https://www.youtube.com/watch?v=SUopbexPk3A

34 Centers for Disease Control and Prevention," Road Traffic Injuries and Deaths—a Global Problem," accessed March 3, 2022, https://www.cdc.gov/injury/features/global-road-safety/index.html

1 ” Number of Births,” The World Counts, accessed December 19, 2021, https://www.theworldcounts.com/populations/world/births

2 Worldometer,” World Population,” accessed December 19, 2021, https://www.worldometers.info

3 Max Roser, Esteban Ortiz-Ospina, and Hannah Ritchie,” Life Expectancy,” Our World in Data, 2013, last revised October 2019, accessed December 19, 2021, https://ourworldindata.org/life-expectancy

4 狗的壽命約為十一至十三年，人的壽命約為七十五至九十年。

5 這個事件最近被古生物學家稱為白堊紀－古新世事件（K-Pg 事件）。

6 ” Why Did the Dinosaurs Die Out?,” History, March 24, 2010, updated June 7, 2019, accessed December 21,2021, https://www.history.com/topics/pre-history/why-did-the-dinosaurs-die-out-1

7 Hannah Hickey,” What Caused Earth’ s Biggest Mass Extinction?,” Stanford Earth Matters, December 6, 2018, accessed December 19, 2021, https://earth.stanford.edu/news/what-caused-earths-biggest-massextinction#gs.ju3zsy

8 ” The Holocene Epoch,” UC Museum of Paleontology, Berkeley, accessed December 17, 2021, https://ucmp.berkeley.edu/quaternary/holocene.php; see also Gerardo Ceballos, Paul R. Ehrlich, and Peter H.Raven, “Vertebrates on the Brink as Indicators of Biological Annihilation and the Sixth Mass Extinction,” Proceedings of the National Academy of Sciences 117, no. 24 (June 1, 2020): 13596, https://www.pnas.org/content/117/24/13596; Daisy Hernandez, “The Earth’ s Sixth Mass Extinction Is Accelerating,” Popular Mechanics, June 3, 2020, accessed December 19, 2021, https://www.popularmechanics.com/science/animals/a32743456/rapid-mass-extinction/

9 “ Roundtable: A Modern Mass Extinction?,” Evolution, accessed December 17, 2021, https://www.pbs.org/

wgbh/evolution/extinction/massext/statement03.html

10 W. Kip Viscusi," The Value of Life in Legal Contexts: Survey and Critique" (originally published in American Law and Economics Review 2, no. 1 [Spring 2000]: 195–222), accessed December 18, 2021, https://law.vanderbilt.edu/files/archive/215ValueofLifeLegalContexts.pdf

11 Sarah Gonzalez, "How Government Agencies Determine the Dollar Value of Human Life," NPR, April 23,2020, accessed December 18, 2021, https://www.npr.org/2020/04/23/843310123/how-government-agenciesdetermine-the-dollar-value-of-human-life

12 Elyssa Kirkham, "A Breakdown of the Cost of Raising a Child," Plutus Foundation, February 2, 2021, accessed December 18, 2021, https://plutusfoundation.org/2021/a-breakdown-of-the-cost-of-raising-a-child/

13 US Wings," Vietnam War Facts, Stats and Myths," accessed June 2, 2022, https://www.uswings.com/about-uswings/vietnam-war-facts/; see also National Archives, "Vietnam War U.S. Military Fatal Casualty Statistics," accessed June 2, 2022, https://www.archives.gov/research/military/vietnam-war/casualty-statistics

14 World Health Organization, "Malaria," December 6, 2021, accessed January 2, 2022, https://www.who.int/news-room/fact-sheets/detail/malaria

15 see Andrew Roberts' s response, https://www.quora.com/What-is-the-maximum-number-of-genetically-unique-individualsthat- human-genome-allows, accessed December 19, 2021

16 A concept articulately conveyed in Richard Dawkins, Unweaving the Rainbow: Science, Delusion and the Appetite for Wonder (New York:Houghton Mifflin, 1998)

17 Horace Mann, commencement address at Antioch College, Yellow Springs, Ohio, 1859.

照片以及資料來源：

Edgar Mitchell quote: used with permission from Kimberly Mitchell.

Mike Massimino "Heaven" quote: used with permission.

Theodore Roosevelt Equestrian Statue at the American Museum of Natural History: © AMNH/Denis Finnin.

Hand of God: © NASA Orbiting Nuclear Spectroscopic Telescope Array (NuSTAR).

Physicists in Town: author photo of APS News headline, https://www.aps.org/publications/apsnews/199908/knowledge.cfm

"They' re Made out of Meat" excerpt: used with permission from Terry Bisson.

Tweets: original Tweets © Neil deGrasse Tyson, via Twitter.com.

Vanity Card No. 536, excerpt: used with permission from Chuck Lorre.

國家圖書館出版品預行編目 (CIP) 資料

宇宙教我們的人生課：從無垠到剎那，萬物蘊含的真理／尼爾．德葛拉司．泰森（Neil deGrasse Tyson）著；邱佳皇 翻譯
– 初版 . -- 臺北市：三采文化，2023.06
面： 公分 .（PopSci 16）
譯自：Starry Messenger：Cosmic Perspectives on Civilisation
ISBN：978-626-358-072-5（平裝）

1. 天文學 2. 社會科學 3. 社會議題

163 112004919

◎封面圖片提供：
iStock.com / southtownboy
iStock.com / NicoElNino

suncolor 三采文化集團

PopSci 16

宇宙教我們的人生課：

從無垠到剎那，萬物蘊含的真理

作者｜ 尼爾．德葛拉司．泰森（Neil deGrasse Tyson）
翻譯｜ 邱佳皇　審定｜ 林秀豪
責任編輯｜ 張凱鈞　專案主編｜ 戴傳欣
美術主編｜ 藍秀婷　封面設計｜ 方曉君　內頁排版｜ 魏子琪　文字校對｜ 聞若婷
行銷協理｜ 張育珊　行銷企劃主任｜ 陳穎姿　版權副理｜ 杜曉涵

發行人｜ 張輝明　總編輯長｜ 曾雅青　發行所｜ 三采文化股份有限公司
地址｜ 台北市內湖區瑞光路 513 巷 33 號 8 樓
傳訊｜ TEL:8797-1234　FAX:8797-1688　網址｜ www.suncolor.com.tw
郵政劃撥｜ 帳號：14319060　戶名：三采文化股份有限公司
本版發行｜ 2023 年 6 月 2 日　定價｜ NT$480

suncolor

suncolor